美国教育史研究丛书
张斌贤　主编

教育与
美国儿童福利改善

祝　贺　著

EDUCATION
AND THE IMPROVEMENT
OF
AMERICAN
CHILD WELFARE

河北大学出版社
·保定·

出 版 人：朱文富
选题策划：何　东
责任编辑：徐延风
助理编辑：李天雪
装帧设计：赵　谦　王占梅
责任校对：牟　霖
责任印制：常　凯

图书在版编目（CIP）数据

教育与美国儿童福利改善 / 祝贺著. -- 保定 ：河北大学出版社，2022.1
（美国教育史研究丛书 / 张斌贤主编）
ISBN 978-7-5666-1958-7

Ⅰ. ①教… Ⅱ. ①祝… Ⅲ. ①儿童教育－教育研究－美国②儿童福利－研究－美国 Ⅳ. ①G61 ②D771.27

中国版本图书馆 CIP 数据核字（2021）第 242756 号

JIAOYU YU MEIGUO ERTONG
FULI GAISHAN

出版发行：河北大学出版社
地址：河北省保定市七一东路2666号　邮编：071000
电话：0312-5073003　0312-5073029
网址：www.hbdxcbs.com
邮箱：hbdxcbs818@163.com
印　　刷：保定市正大印刷有限公司
幅面尺寸：170 mm × 240 mm
字　　数：180 千字
印　　张：13.25
版　　次：2022年1月第1版
印　　次：2022年1月第1次印刷
书　　号：ISBN 978-7-5666-1958-7
定　　价：50.00 元

总　序

每当为团队成果草拟总序的时候，总是既兴奋又忐忑。兴奋是因为眼见近几年的耕耘即将迎来收获，忐忑则是由于这些收获的果子还有待学界进行“质检”。

1998 年 12 月至 1999 年 10 月，我曾作为富布赖特研究学者在哈佛大学教育研究生院访学。访学期间，我花了很多时间思考今后的学术工作，并确定以美国教育史作为今后长期稳定的研究方向。转眼之间已历二十余载。

二十多年来，我和我的同事、历届外国教育史专业方向的硕士研究生和博士研究生所组成的外国教育史团队一直致力于美国教育史的学习、研究和教学，其目的既为弥补以往外国教育史学科研究之不足，同时也在于通过这块“试验田”，探索更新外国教育史研究的方法、路径。

这二十多年的学术工作历程大致可以划分为两个阶段。2000 年至 2008 年为第一阶段。“京师高等教育论丛”（8 种，北京师范大学出版社，2008 年）反映了这个阶段的主要工作成果。在这个阶段，因为是初步涉猎美国教育史领域，无论是对美国教育史本身，还是对国内外研究状况，都缺乏足够和充分的了解，因此基本上是沿用过去比较熟悉的“套路”，大多选择国内学界涉及较少、较为宏大的主题开展研究，如李子江的《学术自由在美国的变迁与发展》、和震的《美国大学自治制度的形成与发展》、黄宇红的《知识演化进程中的美国大学》，等等。客观地说，在当时国内美国教育史研究基础还相对薄弱的情况下，这些研究还是很有价值的。2009 年至今为第二阶段。经过数年的积累和反思，我逐渐意识到，要想进一步深化美国教育史研究，要想真正形成一些具有新意的研究成果，必须要改变已有的研究方式，尤其是要自觉地摆脱教育学科沿袭已久对“宏大叙事”的选题偏好和以追求系统性和完整性为目的的“教科书”式的研究路径，变以往“大题小做”或“大题大做”为“小题大做”。这也就意味着要进一步聚焦主题、提炼问题，真正开展针对问题的研究。从 2009 年前后开始，无论是我还是我的学生，都尽量避免触及时间范围较大或边界不易确定的“宏大”选题，而选择更加具体、更为专门的专题开展研究。2015 年前后出版的“美国教育变革研究丛书”（11 种，浙江教育出版社）是这种转变的初步尝试。陈瑶的《美国教育学科构建的开端》、康绍芳的《美国教育学界精英群体的兴起》、李朝阳的《美国城市学校制度的建构》、祝贺的《美国公共学校种族隔离的终结》及马文琴的《美国学校公民教育的转向》等著作，都针对某一个具体和专门的主题，并努力将研究主题聚焦在一个较小的时间范围内，以求对主题进行深度剖析。

在前期工作的基础上，近几年来，我们团队更加注重以下几个方面的工作。第一，进一步“压缩”选题，不断聚焦研究主题。第二，进一步强调文献综述的意义，更为自觉地把即将开展的研究建于前人相关的研究基础之上。第三，进一步注重吸收和借鉴相关学科的理论和方法，在教育与其他社会活动的“交汇”处寻找研究问题。呈现在读者面前的“美国教育史研究丛书”所收录的 10 种著作实际上反映了上述三个方面的工作。崔高鹏的《〈1862 年美国赠地学院法案〉研究》、高玲的《学校变革与美国教师职业演化》、吴婵的《美国公立中学与大学关系的变迁（1870—1918）》、杜光强的《全国教育协会与美国中学课程革新》、李曙光的《教育测量与美国学校变革》、曹春平的《美国传统教育观念的变革》是第一方面的工作成果。陈露茜的《意识形态冲突与美国公共教育》和王凤玉的《研究型大学的崛起与科研体制》是第二方面的工作成果。第三方面的工作成果则是张斌贤的《教育与美国社会改革（1890—1920）》和祝贺的《教育与美国儿童福利改善》。

在未来的岁月里，北京师范大学外国教育史教学科研团队还将继续开展美国教育史研究，更加自觉和系统地借鉴相关学科的理论和方法，不仅在研究主题的选择上求新，而且在研究方法和路径上“求变”。希望通过我们持续不断的努力，促进美国教育史研究乃至外国教育史学科的不断自我革新，同时也希望得到教育学界同人的大力支持。

丛书出版之际，首先要感谢河北大学出版社社长朱文富教授。朱社长从事外国教育史（尤其是日本教育史）教学研究多年，深知基础学科研究对教育学科建设的意义，也更加理解此类图书出版的价值，对丛书出版给予了大力支持。我们还要感谢河北大学出版社的各位编辑，他们的辛勤劳动为本书增色不少。

張斌賢

2021年3月21日

目　录

导　　言

本书是对美国进步主义时代儿童福利改善的教育史考察，以克雷明的教育生态学方法作为理论基础，尝试分析儿童问题在进步主义时代美国教育改革中的基础地位，系统研究美国儿童福利改善的主要内容和具体措施，探讨教育过程中“教育与儿童”之间的关系。

从传统上来说，儿童福利被认为属于政治学、社会学的研究领域，从教育学层面对儿童福利进行的研究较为少见。由于儿童是教育的重要对象，儿童与教育天然存在密切的关联，因此针对儿童的福利改善大多都与教育有着或多或少的联系。从教育学的层面对儿童福利改善进行研究，不仅能够使我们深刻理解美国儿童福利的发展历程，而且对我国当今促进儿童教育、提升儿童福利、进一步反思儿童与教育之间的关系有极大的启示和借鉴意义。

一、聚焦进步主义时代的美国儿童福利改善

进步主义时代是美国儿童福利史上的一个分水岭。[①] 进步主义时代是美国社会“儿童问题”集中涌现的时代，以新移民子女为主体的工薪阶层儿童的困窘状况构成了美国社会“儿童问题”的核心。以教育

---

① Steven Mintz, *Huck's Raft: A History of American Childhood* (Cambridge: Harvard University Press, 2004), p. 173.

手段和措施为主要途径的儿童福利改善在美国轰轰烈烈地展开，来自各个领域的社会改革者聚集在“救救孩子”的纲领之下。这场涉及儿童福利改善的社会运动不仅体现着美国人对儿童态度的转变，更深刻体现“教育与儿童”之间的关系。

基于此，本书要研究的问题是：在进步主义时代，美国的“儿童问题”主要涉及哪些领域，主要包括哪些具体内容？针对这些问题，人们采取了哪些与教育相关的举措来改善儿童的福利和权益？在儿童福利改善过程中，体现了“教育与儿童”之间什么样的关系？本书尝试使用克雷明的教育生态学方法，以儿童福利改善涉及的领域为纬，以儿童的年龄分期为经，系统考察进步主义时代儿童福利改善的内容，从而讨论“教育与儿童”之间的关系。

对这一时期美国的儿童福利改善进行研究，在助推学科发展、深入剖析学科内容、丰富研究视角的层面都具有重要的意义和价值。

（一）有助于拓展外国教育史研究的视野和范围

聚焦进步主义时代的美国儿童福利改善有望进一步拓展外国教育史研究的视野和范围，加强外国教育史领域对儿童史和儿童教育史的研究。目前，外国教育史研究领域关注的话题虽然非常广泛，但主要集中在高等教育、教育政策、教育思想、课程和教学等“热门”领域，对教育过程中处于基础地位的儿童和儿童教育的历史并未予以足够的重视和必要的关注。这种现状不利于进一步拓展外国教育史学科的研究范围和研究内容，也不利于体现儿童在教育研究中的基础地位。

在教育史研究领域，美国教育史是近年来外国教育史研究的重镇。关于美国进步主义时代的教育历史，学界已有丰富的研究，无论是从研究的内容或者视角上都有新的尝试，也产生了一批优秀的成果。然而在这些已有研究中，大多数研究从研究内容上而言主要聚焦高等教育、公共教育领域的重要事件与变革，或者教育思想领域的发展脉络与传承，对这一时期美国社会儿童观的变革以及针对儿童展开的福利改善或鲜有关注，或一笔带过，缺乏深入、系统的研究。这种状况不利于全面认识进步主义时代美国教育的演变。

（二）有助于加深对美国进步主义时代教育的认识

对美国儿童福利改善的研究有助于加深对美国进步主义时代教育的认识。以儿童福利改善为切入点进一步深化对进步主义时代美国教育的研究，能够深入认识当时美国教育变迁的社会文化背景。儿童福利改善措施虽然涉及公共卫生、教育改革、社会安置、法规权利等多个领域，但由于所有活动都旨在通过教育的手段和途径促进儿童的福利和发展，在最大限度上将儿童、教育和社会联系在一起，因此深刻影响了这一时期美国的教育变革。如果缺乏对儿童福利改善措施的系统研究，便很难深刻地理解和认识诸如进步主义教育运动、儿童中心思潮，以及作为儿童中心论或进步主义教育运动对立面的社会改造主义、要素主义等教育思潮。

在美国，以改善儿童福利为宗旨的教育活动贯穿于整个进步主义时代。在这一过程中，美国国内的工业化基本完成，城市化进程进入关键时期，美国在国际上由区域大国变为世界大国。在此时代背景下，随着大量新移民的涌入，美国城市的贫民区里随处可见流浪、犯罪、受虐待的儿童，美国城市中的“儿童问题”愈发严峻。由于整个社会中儿童观念的转变，以及人们强烈意识到城市化进程对儿童身心造成的各种危害，儿童福利者试图通过多种途径促进儿童福利，其中最主要的途径就是通过教育。以教育为手段的儿童福利举措影响了同时代的教育巨变。例如，为保障童工权益，在全美各州积极推进强迫入学法案，推动了美国义务教育的普及；在加深对儿童期特殊性认识的驱动下，儿童研究运动兴起；基于应当为儿童提供专门的、纯洁的、富有教育意义的环境的认识，幼儿园运动、游戏场运动等教育运动纷纷开展，诸如假期学校、学校花园等富有教育意义的校内外场所纷纷开设。即使这一时期大量涌现的进步主义教育实验和新学校，也是基于对儿童特殊性的独特认识及已有教育方法和内容无法吸引儿童兴趣的担忧。而这一切的教育变革不仅为美国公立学校制度奠定了坚实的基础，也深刻影响了20世纪美国教育演变的过程和方向。因此，对进步主义时代儿童福利改善的研究既有助于深化研究者对进步主义时代美国教育的认识，也有利于拓展对当时美国教育改革的历史和文化背景的理解。

（三）有助于丰富教育史领域的研究视角

对进步主义时代儿童福利改善的研究有助于丰富教育史领域的研究视角，从以往着重研究“教育与社会”的关系，转换为研究“教育与儿童”的关系，构建“有儿童”的教育史研究。英国历史学家哈里·亨得利克（Harry Hendrick）曾一针见血地指出：“如果女人是被隐藏在历史里，那么儿童则被排除在历史之外。”[①] 教育是一种重要的社会活动，以往的教育史研究常常就教育而论教育，或者讨论教育与社会之间的关系，而作为重要教育对象的儿童被湮没、忽视。单就从“教育与社会”的关系的视角去理解教育固然有其合理性，对教育史研究有重要的意义，但仅仅强调此视角势必会忽视了儿童群体在教育中的作用，不利于深入理解教育与儿童之间的关系。进步主义时代的美国儿童福利改善深刻体现了“教育与儿童”之间的关系：一方面，教育起到了保护、熏陶、规训儿童的作用。由于儿童纯真、柔弱且依赖于成人，许多与儿童福利相关的议题和举措或者本身就包含教育的成分，或者最终通过教育的途径来实现。儿童是被教育拯救、保护的对象，例如通过母亲教育、改善公立学校卫生环境、在公立学校引入健康检查、开展公立学校午餐计划、设立“新鲜空气基金”等举措，反映出的就是“教育与儿童”之间的这种关系；另一方面，教育依据儿

① 郭法奇：《儿童教育史研究：价值、特点及设想》，《天津师范大学学报（社会科学版）》2009年第2期。

童身心发展的规律、特点、关键而变化。例如随着儿童观的变革及儿童研究运动的开展，人们加深了对儿童身心发展规律的认识，并在此认识的基础上对教育进行变革，实施以儿童为中心的学校课程，保障弱势儿童（例如童工、特殊儿童等）的受教育权，为工薪阶层儿童开设诸如游戏场、假期学校、学校花园等符合身心发展规律的校内外活动场所等。因此，对这一时期美国儿童福利改善的研究有助于丰富教育史领域的研究视角，重新审视历史中教育与儿童之间的关系，从而构建“有儿童”的教育史研究。

二、进步主义时代美国儿童福利改善相关概念的界定

在对美国儿童福利改善的研究过程中，有一些相关的概念需要进行界定和讨论。

（一）儿童

“儿童”是一个不断发展、变化的概念。古今中外，各个领域关于儿童的定义和具体的年龄范围并不完全相同，儿童的概念受到特定时间、地点或环境的强烈影响。

在中国古代，男子 20 岁行弱冠礼，女子 15 岁行及笄礼，这两种仪式是中国古代男女儿童成年的标志。脱离婴儿期但尚未成年的人都被称为“儿童”。[①] 在中世纪晚期的欧洲，人们开始认识到童年期与成年期不同，儿童并不是小型的成人，而是成熟程度较低的人，需要成人的保护、爱和养育。欧洲人这种认识的变化也反映在绘画作品中。在 11 世纪的欧洲绘画中，儿童除了个子小一些之外，被绘画者赋予了成年人的外貌特征，穿着小型的成人服饰，被当作微型的成年人，没有

① 戴建兵：《新时期中国适度普惠型儿童社会福利制度建设研究》，上海科学普及出版社，2016，第 34 页。

儿童独特的气质。到 13 世纪，绘画中的儿童开始呈现出可爱、温柔、天真的独特面貌。[①] 从中国现代对“儿童”的解释上来看，《现代汉语词典》指出儿童是“较幼小的未成年人（年纪比‘少年’小）”，而“少年”的概念是“人十岁左右到十五六岁的阶段”[②]。因此《现代汉语词典》对“儿童”的界定是 10 岁以下的未成年人。从英语世界的现代语境来看，《牛津英语词典》（*The Oxford English Dictionary*，*Vol. Ⅲ*）认为“Child”既可以指“未出生或刚出生的人”，也可以指“青春期前的男孩或女孩”。[③]《韦伯斯特第三版新国际英语词典》（*Webster's Third New International Dictionary*）给出的解释与《牛津英语词典》基本相同。[④]

不同领域对于“儿童”的具体年龄界定并不相同。从生物学上来说，“儿童”是指人类个体从出生到青春期的发展阶段。[⑤] 从心理学来说，儿童是 12 岁以下的未成年人，儿童期可以划分为 0—1 岁的乳儿期，1—3 岁的婴儿期，3—6 岁的少儿期，7—12 岁的童年期。[⑥] 现代医学认为儿童期的范围是 0—20 岁，其中包括从胎儿期到青春期的 7 个阶段。[⑦] 从人口学的角度来讲，15—25 岁为青年期，因此 14 岁及以下的

---

① 菲利普·阿利埃斯：《儿童的世纪：旧制度下的儿童和家庭生活》，沈坚、朱晓罕译，北京大学出版社，2013，第 51—55 页。

② 中国社会科学院语言研究所词典编辑室主编《现代汉语词典（第 6 版）》，商务印书馆，2012，第 1164 页。

③ J. A. Simpson and E. S. C. Weiner(eds.), *The Oxford English Dictionary*, Vol. Ⅲ (*Oxford*: *Clarendon Press*, 1989), *p*. 113.

④ Merriam-Webster, *Webster's Third New International Dictionary* (Springfield: Merriam-Webster Inc. Publishers, 1981), p. 388.

⑤ Mosby, Inc., *Mosby's Dictionary of Medicine, Nursing & Health Professions* (New York: Elsevier Health Sciences, 2013), p. 345.

⑥ 费穗宇、张潘仕主编《社会心理学辞典》，河北人民出版社，1988，第 13 页。

⑦ 沈晓明、王卫平主编《儿科学（第 7 版）》，人民卫生出版社，2011，第 4 页。

未成年人是儿童。[①] 从法律意义上来说，儿童是指低于成年年龄或其他年龄限制的人。人们通常认为儿童无法做出严肃的重要决定，需要父母或其他成年人的监护与照顾，无论其父母是否离婚。相对于成年人来说，儿童享有更少的权利和责任。联合国《儿童权利公约》（*Convention on the Rights of the Child*）认为儿童指的是 18 岁以下的任何人。《中华人民共和国未成年人保护法》从是否具有完全民事行为能力的角度，将未满 18 周岁的公民界定为未成年人。在新加坡，根据《儿童和青年法》（*Children and Young Persons Act*），儿童在法律上被定义为 14 岁以下的人。在《美国移民法》（*U. S. Immigration Law*）中，儿童是指任何未满 21 岁的人。[②]

本研究涉及的“儿童”主要指 19 世纪末 20 世纪初居住于美国城市贫民区里的工薪阶层儿童，他们的父母绝大多数是来自东欧和南欧的农民和难民，少部分是从美国农村迁往城市的破产农民。在进步主义时代，虽然部分旨在解决“儿童问题”的教育措施在事实上惠及的儿童群体并不局限于工薪阶层儿童，但工薪阶层儿童的困窘状况构成了进步主义时代美国社会“儿童问题”的核心，因此本研究将他们作为聚焦的主要社会群体。

从年龄范围上来说，本研究聚焦的年龄段是 0—18 岁。之所以选择这一年龄范围，是因为在进步主义时代，美国人关注的“儿童问题”内容众多，涵盖了工薪阶层儿童从出生到青春期的各种问题。在本研究选择的三类“儿童问题”（儿童的健康问题、儿童的发展问题、儿童的权利问题）中，与青春期儿童相关的包括“培养青少年符合社会要求的性别角色”和“未成年人犯罪的感化与教育”。具体到对青春期男

---

① 戴建兵：《新时期中国适度普惠型儿童社会福利制度建设研究》，上海科学普及出版社，2016，第 35 页。

② “Section 1101. Definitions,” Legal Information Institute, Cornell Law School, accessed June 10, 2020, https://www.law.cornell.edu/uscode/text/8/1101.

女儿童的教育中，进步主义时代的美国人普遍将女孩的管辖年龄延长至更晚，使女孩在更长的时段内保持童年状态。因此，可以用这两类具体问题中女孩的管辖年龄来界定儿童年龄范围的上限。其中，在涉及“培养青少年符合社会要求的性别角色”的问题方面，基督教女青年会把录取的女孩年龄放宽至 12—18 岁。[①] 在“未成年人犯罪的感化与教育”的问题方面，1907 年，伊利诺伊州少年法庭也将女孩的管辖年龄延长到 18 岁。[②] 伊利诺伊州的少年法庭在全美少年法庭的发展史上具有重要地位，该州 1899 年率先制定《少年法庭法》，并于同年在库克县设立世界上第一个少年法庭。虽然还有其他州（比如加利福尼亚州）的少年法庭进一步延长女孩的管辖年龄，但伊利诺伊州少年法庭对女孩管辖年龄的界定更具有普遍意义和参考价值。因此，为了最大限度地将进步主义时代的“儿童问题”包括在内，本研究聚焦的年龄段是 0—18 岁。

在 0—18 岁的年龄段，不同年龄分期的工薪阶层儿童面临的“儿童问题”各具特色。本研究将“儿童”作为一个上位概念，将“婴幼儿”“学龄儿童”“青少年”作为下位概念，根据儿童面临的不同“儿童问题”及相关文献的常见表述，可以把 0—18 岁的儿童进行如下年龄分期：婴幼儿（零至五六岁）面临的是健康问题和无人看护的问题；学龄儿童（五六岁至十三四岁，简称为“学童”）面临的是保障受教育权的问题、缺乏安全且富有教育意义的教育场所问题、在公立学校就学期间的健康和卫生问题；青少年（六七岁至十七八岁）面临的是养成符合社会要求的性别角色的问题、青少年犯罪频发的问题等。由于“儿童问题”的广泛性和复杂性，进步主义时代 0—18 岁儿童的年龄分期没有绝对清晰的界限。在不同的“儿童问题”中，儿童的年龄分期

① David I. Macleod, *The Age of the Child* (New York: Twayne, 1998), pp. 147-148.

② David I. Macleod, *The Age of the Child* (New York: Twayne, 1998), p. 144.

甚至存在交叉的情况。比如在保障学童的受教育权问题上，宾夕法尼亚州曾规定，儿童进入公立学校学习的年龄上限是 16 岁，① 而 7 周岁至 18 周岁的自然人犯罪行为即被称为“青少年犯罪”。②

（二）儿童福利

儿童福利是社会福利在儿童群体中的具体化，它包含理念、策略、社会政策、行为等多方面的内容。从狭义上来说，儿童福利是指由特定形态的机构向特殊的儿童群体提供的一种特定的服务。③ 从这个意义上来说，儿童福利的主要服务对象是处于不利地位的儿童，其功能以救助、矫治、扶助等为主，是一种消极的儿童福利。广义上的儿童福利是对儿童时期的生理、心理、社会环境提供满足需要、促进发展的社会政策、专业科学知识和具体行为，面向所有的家庭和儿童，具有发展的取向，是制度性的儿童福利。广义上的儿童福利包含着社会公正、公平的社会意识，承认儿童的社会弱势地位，尊重每一名儿童的独特性及儿童发展的能动性和主动性，强调成人和政府的责任。④

本研究从广义上使用“儿童福利”这一概念，主要涉及 19 世纪末 20 世纪初针对美国城市化进程对工薪阶层儿童造成的严重危害而采取的一系列与教育直接或间接相关的改革措施。值得注意的是，进步主义时代的美国儿童福利主要是针对白人儿童而言的，黑人、亚裔等其他种族的儿童很少被纳入考虑范围之内。

（三）儿童福利运动

在 19 世纪末 20 世纪初的美国，美国社会中大量涌现的“儿童问

---

① Forest Chester Ensign, *Compulsory School Attendance and Child Labor* (Iowa City: The Athens Press, 1921), p. 181.

② Robert M. Bohm and Keith N. Haley, *Introduction to Criminal Justice* (Dubuque: McGraw-Hill Education, 2007), p. 479.

③ 周震欧主编《儿童福利》，台湾巨流图书公司，2009，第 5—7 页。

④ 陆士桢、常晶晶：《简论儿童福利和儿童福利政策》，《中国青年政治学院学报》2003 年第 1 期。

题”引起了人们的广泛关注。由于整个社会中儿童观念的转变，以中产阶级白人为主的社会改革者强烈意识到城市化进程对儿童身心造成的严重危害。在教育与医学专业人士、慈善工作者、社会改革者及相关热心人士的推动下，包括众多基金会、慈善团体、针对专门问题的全国与地方性协会、妇女团体、各级政府部门等的广泛参与下，一场致力于促进儿童福利发展的儿童福利运动（Child Welfare Movement）在美国展开。这场运动涉及公共卫生、社会安置、儿童权利等诸多方面，在1890—1920年达到高潮，在一些文献中也被称为“儿童拯救运动”（Child-Saving Movement），儿童福利者也被称为“儿童拯救者”（Child-Savers）。[①] 本研究涉及的、通过教育途径实施的儿童福利改善几乎全都属于这场儿童福利运动。

（四）儿童研究运动

19世纪末20世纪初，儿童研究运动风靡于欧美国家，美国的儿童研究运动是其中的重要组成部分。这场运动通过多种方法研究儿童的身心发展规律，为儿童教育的开展提供科学依据。在儿童研究运动的发展过程中，心理学家和教育学家成为儿童研究运动的主导，社会各界积极参与其中。就美国而言，儿童研究运动与儿童福利运动有着密

---

① 将“儿童福利运动”称为“儿童拯救运动”，将“儿童福利者”称为“儿童拯救者”的文献主要包括安东尼·普拉特（Anthony Platt）的《儿童拯救者》（*The Child Savers: the Invention of Delinquency*）、《儿童拯救运动的兴起：基于社会政策和惩教改革的研究》（*The Rise of the Child-Saving Movement: A Study in Social Policy and Correctional Reform*）、《重新考察儿童拯救者》（*The Child Savers Reconsidered*）；乔·弗罗斯特（Joe L. Frost）的《儿童游戏和游戏环境的历史：面向当代的儿童拯救运动》（*A History of Children's Play and Play Environments: Toward A Contemporary Child-Saving Movement*）；《美国童年：研究指南和历史手册》（*American Childhood: A Research Guide and Historical Handbook*）里，罗纳德·科恩（Ronald D. Cohen）撰写的章节《儿童拯救与进步主义（1885—1915）》（“Child-Saving and Progressivism（1885-1915）”）、汉密尔顿·克雷文斯（Hamilton Cravens）撰写的章节《专业化时代的儿童拯救（1915—1930）》（“Child-Saving in the Age of Professionalism（1915-1930）”）。

切的联系，两场运动互相支持、互相促进、互为因果。

一方面，儿童研究运动提倡的科学研究、社会调查等专业化手段为儿童福利运动提供了切实有效的调研方法。儿童福利运动中许多重要的数据和事实都是通过社会调查和科学研究获得的。儿童研究运动的成果在儿童福利运动中得到广泛的运用，为儿童福利改革的诸多举措提供了丰富的思想资源与改革依据。例如儿童研究运动中的相关统计数据为儿童局（Children's Bureau）的建立提供了佐证。[①] 再例如儿童研究运动的倡导者霍尔（G. Stanley Hall）强调儿童游戏的重要性，认为游戏对儿童富有锻炼身体、培养道德的社会教育意义，为游戏场运动的开展提供了理论依据。游戏场运动的创建者亨利·柯蒂斯（Henry Curtis）是霍尔在克拉克大学的学生，而美国游戏协会的第一任主席固利克（Luther H. Gulick）是霍尔的好友，霍尔的思想通过他们对游戏场运动产生了深远的影响。[②]

另一方面，儿童福利运动中的诸多改善措施引起了儿童研究者的兴趣，引导了儿童研究运动的开展方向，促进他们通过社会调查和科学研究真实反映儿童的生存状态。在美国儿童福利运动兴起之后，儿童福利者希望了解关于儿童发展的科学知识、社会指标、影响因素等以服务于儿童福利改革。霍尔的后期研究满足了儿童福利者的这种兴趣。霍尔在《青春期：青少年的教育、养成和健康》(*Youth : Its Education , Regimen , and Hygiene*) 中研究了青少年的过失与犯罪、游戏运动与竞技等与儿童福利直接相关的内容。此外，霍尔于 1909 年在克拉克大学建立了“儿童中心”（Children's Institute)，期望它成为与儿童福利有关的研究中心。尽管这个儿童中心没有实际运行，但为 1917 年建立

---

① J. K. Parker and E. M. Carpenter, “Julia Lathrop and the Children's Bureau: The Emergence of an Institution,” *The Social Service Review* 55, No. 1(1981): 60-77.

② 祝贺：《美国游戏场运动的产生与发展（1880—1920）》，《外国教育研究》2018 年第 2 期。

的“儿童福利研究站”提供了工作思路。①

由于儿童研究运动和儿童福利运动的研究重心不同，这两者最终渐行渐远。在儿童研究运动的末期，霍尔联合儿童福利运动的支持者，试图恢复儿童研究运动的势头。1909 年和 1910 年，霍尔在克拉克大学两次举行了“儿童研究和儿童福利大会”，吸引了许多儿童福利者参加。在 1910 年的会议上，大约有 40 个儿童福利组织的代表参加，会议期间共开展了 48 个与儿童福利相关的讲座。霍尔还试图召开全国性质的儿童会议，将所有相关领域的研究者召集在一起，但并未取得满意的结果。② 由于儿童研究运动和儿童福利运动的目标不同，且儿童福利运动者对儿童研究的兴趣不大，两者日趋分离。

三、回顾进步主义时代的美国儿童福利改善

近几十年，一些学者注意到了美国儿童福利改善的历史，并聚焦研究 19 世纪末 20 世纪初的美国儿童福利运动。相关研究主要包括对进步主义时代儿童福利举措的整体研究、对儿童福利者及儿童福利机构的研究、对促进儿童健康的各项教育举措的研究、针对儿童特殊性进行的教育陶冶的研究、针对保护儿童权利的教育措施的研究。

（一）进步主义时代儿童福利举措的整体研究

关于美国进步主义时代儿童福利举措的整体研究，已有研究主要包括两类。第一类文献主要涉及狭义的儿童福利。例如苏珊·蒂芬（Susan Tiffin）在《为了谁的利益？进步主义时代的儿童福利改革》（*In Whose Best Interest ? Child Welfare Reform in the Progressive Era*）一

---

① 李国庆：《现代欧美教育科学化运动的一个基石——儿童研究运动之研究》，博士学位论文，南京师范大学教育科学学院，2006，第 97 页。

② 郭法奇等：《欧美儿童研究运动：历史、比较及影响》，北京师范大学出版社，2012，第 29 页。

书中认为进步主义时代的儿童福利运动从本质上而言具有保守性质，领导这场运动的中产阶级改革者虽然也关心儿童的福祉，但其主要目的在于实现他们自己的社会理想和职业理想，并不希望由此重塑社会关系。[①] 詹姆斯·马顿（James Marten）在《进步主义时代的儿童和儿童福利：一部文献简史》（*Childhood and Child Welfare in the Progressive Era : A Brief History with Documents*）中通过收集 1870—1930 年关于城市儿童的一些政府文件、书籍和社会调查，追踪了这一时段关于儿童权益、对贫困儿童的救济、改善儿童健康、推进青少年立法、禁止童工等方面的内容，旨在说明进步主义时代美国的政府机构在提升儿童福利的过程中发挥了积极的作用。[②] 第二类文献主要涉及广义的儿童福利，认为儿童与历史发展相互影响。史蒂芬·明茨（Steven Mintz）在《哈克之筏：美国儿童史》（*Huck's Raft : A History of American Childhood*）一书中认为，童年是一种社会和文化结构，它的概念随着文化、人口、经济和历史环境的变化而变化。童年的历史与美国的政治和社会实践有着不可分割的关系，儿童的经历体现了美国历史的许多关键主题。[③] 戴维·麦克雷德（David I. Macleod）在《儿童的时代：1890—1920 年的美国儿童》（*The Age of the Child : Children in America*（*1890-1920*））一书中指出，在进步主义时代，美国不断变化的经济、社会、文化等因素急剧地改变着儿童的生活。[④] 进步主义时代美国的政府机构在提升儿童福利的过程中发挥了积极的

---

① Susan Tiffin, *In Whose Best Interest ?: Child Welfare Reform in the Progressive Era* (Westport: Greenwood Press, 1982), pp. 14-60.

② James Marten, *Childhood and Child Welfare in the Progressive Era : A Brief History with Documents* (Boston: Bedford/St. Martin's, 2004), pp. 5-22.

③ Steven Mintz, *Huck's Raft : A History of American Childhood* (Cambridge: Harvard University Press, 2004), pp. 154-185.

④ David I. Macleod, *The Age of the Child : Children in America , 1890-1920* (New York: Twayne, 1998), pp. 1-31.

作用。

（二）对儿童福利者及儿童福利机构的研究

就儿童福利机构的研究而言，大多数文献从社会学的视角研究了儿童福利机构对儿童权益的促进活动。例如艾伦·戴维斯（Allen F. Davis）在《改革先锋：社会安置场所与进步主义运动（1890—1914）》（*Spearheads for Reform : the Social Settlements and the Progressive Movement ,1890-1914*）中研究了赫尔会所、伊丽莎白·皮博迪会所、金斯利会所等福利机构对儿童进行学前教育和职业教育的活动。① 克里斯特·林登梅耶（Kriste Lindenmeyer）在《童年的权利：美国儿童局和儿童福利（1912—1946）》（*A Right to Childhood : the US Children's Bureau and Child Welfare ,1912-1946*）中研究了1912—1946年美国儿童局在促进儿童福利和权益方面采取的措施。② 王金虎在《论美国城市的定居救助之家运动》中研究了以中产阶级白人为主的改革者通过积极进行社会调查、争取社会立法等方式开展对穷人的帮、教活动，指出这些活动的开展帮助了一部分工薪阶层儿童的成长，并揭开了美国进步主义运动的序幕，推动了社会进步。③ 迈克尔·凯茨（Michael B. Katz）的《在济贫院的阴影下：美国社会福利史》（*In the Shadow of the Poorhouse : A Social History of Welfare in America*）从社会福利的角度研究儿童福利机构的活动，指出这一时期的儿童福利机构是从济贫到福利救助的过渡形式。④

---

① Allen F. Davis, *Spearheads for Reform : the Social Settlements and the Progressive Movement ,1890-1914* (New York: Oxford University Press, 1967), pp. 26-39.

② Kriste Lindenmeyer, *A Right to Childhood : the US Children's Bureau and Child Welfare ,1912-1946* (Chicago: University of Illinois Press, 1997), pp. 76-138.

③ 王金虎：《论美国城市的定居救助之家运动》，《河南大学学报（社会科学版）》2000年第3期。

④ Michael B. Katz, *In the Shadow of the Poorhouse : A Social History of Welfare in America* (New York: Basic Books, 1996), pp. 281-304.

就儿童福利改革者的研究而言，相关文献主要集中于研究中产阶级白人女性改革者在儿童福利改善中的积极作用，此类研究在群像研究和个案研究中均有涉及。例如莫莉·莱德·泰勒（Molly Ladd-Taylor）在《母亲的工作：妇女、儿童福利和州（1890—1930）》（*Mother-Work: Women, Child Welfare, and the State, 1890-1930*）中研究了以中产阶级妇女为主力的社会改革家在儿童福利方面做出的努力。[①] 罗宾·蒙西（Robyn Muncy）在《在美国改革中开创女性的领地（1890—1935）》（*Creating a Female Dominion in American Reform, 1890-1935*）一书中研究了这一时期女性在社会安置运动、婴幼儿健康、儿童福利政策与法律的出台等领域进行的社会改革活动。[②] 安·艾伦（Ann Taylor Allen）在《进步主义时代的性别、职业化和儿童：帕蒂·史密斯·希尔（1868—1946）》（*Gender, Professionalization, and the Child in the Progressive Era: Patty Smith Hill, 1868-1946*）中主要探讨进步主义时代幼儿园运动的主要领导者人物帕蒂·史密斯·希尔推动幼儿园运动发展的努力。[③] 伊琳娜·斯特博纳（Eleanor J. Stebner）在《赫尔会所的女性们：她们的精神、职业和友谊》（*The Women of Hull House: A Study in Spirituality, Vocation, and Friendship*）中研究了致力于创建和发展赫尔会所的女性改革家的活动。[④] 张淑华在《简·亚当斯"拯救儿童"的思想与实践初探》中聚焦分析简·亚当斯对童工、少年犯罪、儿童教育、儿童健康等问题的思考，以及为改善

---

① Molly Ladd-Taylor, *Mother-Work: Women, Child Welfare, and the State, 1890-1930* (Urbana and Chicago: University of Illinois Press, 1994), pp. 43-103.

② Robyn Muncy, *Creating a Female Dominion in American Reform, 1890-1935* (New York: Oxford University Press, 1994), pp. 3-65.

③ Ann Taylor Allen, "Gnder, Professionalization, and the Child in the Progressive Era: Patty Smith Hill, 1868-1946," *Journal of Women's History* 23, No. 2(2011): 112-136.

④ Eleanor J. Stebner, *The Women of Hull House: A Study in Spirituality, Vocation, and Friendship* (Albany: SUNY Press, 1997), pp. 65-112.

儿童处境所做的大量工作。[①]

（三）对促进儿童健康的各项教育举措的研究

促进儿童健康的各项教育举措的研究主要包括对为降低婴幼儿死亡率而进行的母亲教育和公共卫生教育的研究，这两种类型的研究往往一同出现在医学史、公共卫生史、公共卫生政策的相关文献中。例如斯图亚特·加利肖夫（Stuart Galishoff）在《保卫公共健康：纽瓦克（1895—1918）》（*Safeguarding the Public Health ,Newark ,1895-1918*）中研究了纽瓦克为改善公共卫生和健康所做的努力，其中与婴幼儿健康相关的包括牛奶的消毒，以及通过聘请公共卫生护士和助产士、进行母亲教育、倡导婴儿营养和卫生等方式降低婴儿死亡率。[②] 理查德·梅克尔（Richard A. Meckel）在《拯救婴儿：美国公共健康改革和预防婴儿死亡（1850—1929）》（*Save the Babies :American Public Health Reform and the Prevention of Infant Mortality ,1850-1929*）中回顾了美国公共健康改革的历史，着重研究了进步主义时代降低婴儿死亡率的诸多措施。[③] 亚历山大·斯特恩（Alexandra Minna Stern）和霍华德·马克尔（Howard Markel）在《形成的年代：美国的儿童健康（1880—2000）》（*Formative Years :Children's Health in the United States ,1880-2000*）中研究了儿科学、优生学的发展在对降低婴儿死亡率、促进婴幼儿健康方面起到了积极作用。本书还讨论了 19 世纪末美国公共学校

---

① 张淑华：《简·亚当斯“拯救儿童”的思想与实践初探》，《社科纵横》2014 年第 12 期。

② Stuart Galishoff, *Safeguarding the Public Health : Newark , 1895-1918* (Westport: Greenwood Press, 1975), pp. 81-118.

③ Richard A. Meckel, *Save the Babies : American Public Health Reform and the Prevention of Infant Mortality , 1850-1929* (Ann Arbor: University of Michigan Press, 1998), pp. 40-158.

中不当的卫生条件对学龄儿童身体健康造成的不良影响。[①] 塞缪尔·普雷斯顿（Samuel H. Preston）和迈克尔·海恩斯（Michael R. Haines）在《致命的年代：19 世纪晚期美国的儿童死亡率》（*Fatal Years: Child Mortality in Late Nineteenth-Century America*）中研究了 19 世纪末美国婴儿死亡率的社会背景和医学背景、新的医学发现，以及不同族群婴儿死亡率的特点。[②] 阿里萨·克劳斯（Alisa Klaus）在《每个孩子都受欢迎：美国和法国母婴健康政策的起源（1890—1920）》（*Every Child a Lion: The Origins of Maternal and Infant Health Policy in the United States and France, 1890-1920*）中研究了美国社会福利机构与慈善机构、儿科医生、社会改革者为降低婴幼儿死亡率、改善婴幼儿健康状况进行的各种努力，主要包括提倡优生学、倡导婴幼儿的科学营养与卫生、进行母亲教育、开展"更好的婴儿"运动等。[③]

（四）针对儿童特殊性进行的教育陶冶的研究

针对儿童特殊性进行的教育陶冶的研究主要包括对日托所、免费幼儿园、游戏场、假期学校、学校花园、青少年的性格养成等的研究。

就日托所的研究而言，已有大多数研究集中在女性史、社会史领域。例如莱斯利·伍德科克·滕特勒（Leslie Woodcock Tentler）在《挣工资的女性：美国的工业工作和家庭生活（1900—1930）》（*Wage-earning Women: Industrial Work and Family Life in the United States, 1900-1930*）中研究了 1900—1930 年美国工薪阶层女性的工作和家庭生

---

① Alexandra Minna Stern and Howard Markel (eds.), *Formative Years: Children's Health in the United States, 1880-2000* (Ann Arbor: University of Michigan Press, 2002), pp. 23-65.

② Samuel H. Preston and Michael R. Haines, *Fatal Years: Child Mortality in Late Nineteenth-Century America* (Princeton: Princeton University Press, 1991), pp. 3-136.

③ Alisa Klaus, *Every Child a Lion: The Origins of Maternal and Infant Health Policy in the United States and France, 1890-1920* (Ithaca: Cornell University Press, 1993), pp. 136-171, 208-281.

活。为满足这些女性的幼儿托育需求，日托所应运而生，为幼儿提供了基本的照顾和初步的教育。[①] 埃塞尔·比尔（Ethel S. Beer）在《工作的母亲和日托所》（*Working Mothers and the Day Nursery*）中研究了美国日托所早期的发展状况。[②]

就免费幼儿园的研究而言，第一类文献集中在幼儿园历史、学前教育史领域，此类著作梳理了免费幼儿园在美国发展的基本脉络，比如芭芭拉·贝蒂（Barbara Beatty）的《美国学前教育：从殖民地时代到现代的幼儿文化》（*Preschool Education in America : The Culture of Young Children From the Colonial Era to The Present*）、迈克尔·萨皮罗（Michael Steven Sapiro）的《儿童的花园：从福禄贝尔到杜威的幼儿园运动》（*Child's Garden : The Kindergarten Movement from Froebel to Dewey*）、尼娜·范德沃克（Nina C. Vandewalker）的《美国教育中的幼儿园》（*The Kindergarten in American Education*）等。[③] 第二类文献集中在社会史领域，例如马文·拉泽森（Marvin Lazerson）在《城市改革和学校：马萨诸塞州的幼儿园（1870—1915）》（*Urban Reform and the Schools : Kindergartens in Massachusetts , 1870-1915*）中研究了该时间段内马萨诸塞州幼儿园的发展历程，指出免费幼儿园从本质上而言是一种社会安置机构，目标是对移民儿童及其家庭进行

① Leslie Woodcock Tentler, *Wage-earning Women : Industrial Work and Family Life in the United States , 1900-1930* (New York: Oxford University Press, 1979), pp. 136-179.

② Ethel S. Beer, *Working Mothers and the Day Nursery* (New York: Whiteside and Morrow, 1957), pp. 69-97.

③ Barbara Beatty, *Preschool Education in America : The Culture of Young Children From The Colonial Era to The Present* (New Haven: Yale University Press, 1995), pp. 52-131; Michael Steven Sapiro, *Child's Garden : The Kindergarten Movement from Froebel to Dewey* (University Park: Pennsylvania State University Press, 1983), pp. 29-44; Nina C. Vandewalker, *The Kindergarten in American Education* (New York: The Macmillan Company, 1908), pp. 183-208.

美国化。[①] 克里斯汀·纳罗茨基（Kristen D. Nawrotzki）在《"为了更好的伟大变革"：作为跨大西洋改革的免费幼儿园》（*"Greatly Changed for the Better": Free Kindergartens as Transatlantic Reformance*）一文中对比了1880年代和1910年代在英国爱丁堡和美国旧金山开办的免费幼儿园，分析免费幼儿园的办学目标及英美免费幼儿园之间的相关性。[②]

就游戏场的研究而言，大多数研究认可游戏场在儿童福利改善中的作用和地位，例如多米尼克·卡瓦洛（Dominick Cavallo）在《体能和道德：有组织的游戏场和城市改革（1880—1920）》（*Muscles and Morals: Organized Playgrounds and Urban Reform, 1880-1920*）中认为，改革者认识到游戏对于儿童有着锻炼身体、培养道德的社会教育意义，因此通过游戏场运动发展有组织的游戏，使城市工薪阶层儿童远离街头游戏，保证身体健康，以及形成社会所认可的道德品质。[③] 菲利普·戴维斯（Philip Davis）在《街头：小人物和大问题》（*Street-land: Its Little People and Big Problems*）中研究了进步主义时代街头游戏、流浪儿童的真实生活境况，展现了这种生活对于儿童发展及社会的危害。[④] 乔·弗罗斯特（Joe L. Frost）在《儿童游戏和游戏环境的历史：面向当代的儿童拯救运动》（*A History of Children's Play and Play Environments: Toward A Contemporary Child-Saving Movement*）中展现了进步主义时代针对儿童街头游戏进行的福利改革

---

① Marvin Lazerson, "Urban Reform and the Schools: Kindergartens in Massachusetts, 1870-1915," *History of Education Quarterly* 11, No. 2(1971): 115-142.

② Kristen D. Nawrotzki, "'Greatly Changed for the Better': Free Kindergartens as Transatlantic Reformance," *History of Education Quarterly* 49, No. 2(2009): 182-195.

③ Dominick Cavallo, *Muscles and Morals: Organized Playgrounds and Urban Reform, 1880-1920* (Philadelphia: University of Pennsylvania Press, 1981), pp. 1-12.

④ Philip Davis, *Street-land: Its Little People and Big Problems* (Boston: Small, Maynard & Company, 1915), pp. 31-142.

活动。①

就假期学校的已有研究而言，大部分已有研究都对其作用表示肯定，并将假期学校放在暑期学校、公立学校的整体历史中进行考察。例如威廉·里斯（William J. Reese）在《权力与学校改革的承诺》（*Power and the Promise of School Reform*）中将假期学校作为学校教育的一种扩展形式。② 肯尼思·戈尔德（Kenneth M. Gold）在《时髦的学校：暑期学校和美国公立学校的历史》（*School's In：the History of Summer Education and American Public Schools*）中认为进步主义时代的假期学校是暑期学校发展中的一个阶段。③ 卡洛琳·希尔（Caroline M. Hill）在《假期学校理念的扩展》（*The Extension of the Vacation School Idea*）中研究了假期学校理念的产生和初步发展概况。④ 克拉伦斯·佩里（Clarence Arthur Perry）在《学校机构的广泛用途》（*Wider Use of the School Plant*）中认为假期学校是公立学校功能的一种发展。⑤ 米利肯（O. J. Milliken）在《芝加哥的假期学校》（*Chicago Vacation Schools*）中研究了芝加哥市假期学校的课程设置、教学活动。⑥ 萨迪·阿梅里安（Sadie American）在《假期学校运动》（*The Movement for Vacation Schools*）中研究了纽约、芝加哥等美国大

---

① Joe L. Frost, *A History of Children's Play and Play Environments：Toward A Contemporary Child-Saving Movement*(New York: Routledge, 2010), pp. 62-137.

② William J. Reese, *Power and the Promise of School Reform*(New York: Teachers College, Columbia University, 2002), pp. 131-157.

③ Kenneth M. Gold, *School's In：The History of Summer Education and American Public Schools*(New York: P. Lang, 2002), pp. 73-140.

④ Caroline M. Hill, "The Extension of the Vacation School Idea," *The Elementary School Teacher* 5, No. 5(1905): 298-301.

⑤ Clarence Arthur Perry, *Wider Use of the School Plant*(New York: Charities Publication Committee, 1910), pp. 117-148.

⑥ O. J. Milliken, "Chicago Vacation Schools," *American Journal of Sociology* 4, No. 3 (1898): 289-308.

城市假期学校开展的原因和初期的发展概况、课程设置、社会反响等。①

就学校花园的研究而言，相关研究指出学校花园在促进儿童发展中具有重要作用。例如布莱恩·特雷尔斯塔德（Brian Trelstad）在《花园中的小机器：美国学校花园的历史（1891—1920）》（*Little Machines in Their Gardens：A History of School Gardens in America，1891 to 1920*）中研究了1891—1920年美国学校花园的产生、社会背景、目标、实施效果等。② 亨利·帕森斯（Henry Griscom Parsons）的《为了欢乐、健康和教育的儿童花园》（*Children's Gardens for Pleasure，Health and Education*）一方面指出学校花园作为儿童教育的实验室具有的意义：学校花园不仅能使儿童呼吸新鲜的空气、接触纯天然的事物，还能促进儿童的健康、培养儿童的勇气，帮助他们减少贫困和疾病，培养儿童的劳动能力，并可进行园艺训练；另一方面普及了园艺种植的实践知识，比如设备和工具的保管、土壤的管理、花园的布置等。③ 萨莉·格雷戈里·科尔斯泰特（Sally Gregory Kohlstedt）在《"儿童的良好作物"：学校园艺运动（1890—1920）》（*"A Better Crop of Boys and Girls"：The School Gardening Movement，1890-1920*）中研究了1890—1920年美国学校花园运动的具体措施和进展过程。④

青少年的性格养成研究分性别讨论了男女青少年的性格养成举措，就男孩的性格养成而言，戴维·麦克雷德（David I. Macleod）在《塑

① Sadie American, "The Movement for Vacation Schools," *American Journal of Sociology* 4, No. 3(1898): 309-325.

② Brian Trelstad, "Little Machines in Their Gardens: A History of School Gardens in America, 1891 to 1920," *Landscape Journal* 16, No. 2(1997): 161-173.

③ Henry Griscom Parsons, *Children's Gardens for Pleasure, Health and Education* (New York: Sturgis & Walton Company, 1912), pp. 1-198.

④ Sally Gregory Kohlstedt, "'A Better Crop of Boys and Girls': The School Gardening Movement, 1890-1920," *History of Education Quarterly* 48, No. 1(2008): 58-93.

造美国男孩的性格：童子军、基督教男青年协会及其先行者（1870—1920年）》（*Building Character in the American Boy : The Boy Scouts , YMCA , and Their Forerunners , 1870-1920*）中回顾了童子军和基督教男青年协会的发展历程，分析了这两个组织为培养男孩的男子气概进行的努力及取得的效果。[①] 威廉·莫里（William D. Murray）在《美国童子军史》（*The History of the Boy Scouts of America*）中记叙了童子军在美国的发展历史，指出童子军活动有助于培养男孩的“男子气质”。[②] 就女孩的性格养成而言，菲利斯·E.雷斯克（Phyllis E. Reske）在《回应变革：女童军、种族和女权运动》（*Responding to Change : Girl Scouts , Race , and the Feminist Movement*）中指出，美国女童军的宗旨是通过志愿工作和获得荣誉，教育女孩在家庭和社区中给予、自给自足和独立。女童军自成立就对所有女孩开放，为女孩提供性别认同和非传统职业方面的培训；在20世纪上半叶，女童军的主要工作是让白人女孩做好成为贤妻良母的准备。[③] 苏珊·米勒（Susan A. Miller）在《成长的女孩：美国女孩组织的自然起源》（*Growing Girls : The Natural Origins of Girls' Organizations in America*）中通过分析“营火女孩”、女童军、“先锋女孩”（Girl Pioneers）等20世纪初期美国主要的女孩组织在自然活动、家务活动和健康活动方面的主要贡献及各组织之间的差异，指出女孩也可以从自然环境中受益，揭示了美

---

① David I. Macleod, *Building Character in the American Boy : The Boy Scouts , YMCA , and Their Forerunners , 1870-1920* (Madison: University of Wisconsin Press, 1983), pp. 63-170.

② William D. Murray, *The History of the Boy Scouts of America* (New York: Boy Scouts of America, 1937), pp. 1-246.

③ Phyllis E. Reske, "Responding to Change: Girl Scouts, Race, and the Feminist Movement" (PhD diss., University of Wisconsin-Milwaukee, 2018).

国现代化给女孩组织带来的希望与挑战。[①] 保罗·霍尔辛格（M. Paul Holsinger）在《裤装女孩比裙装女孩更高效：美国少年小说中的“营火女孩”（1910—1920）》（“Girls in Bloomers are More Effective Than Girls in Skirts: The Camp Fire Girls in American Juvenile Fiction, 1910-1920”）中分析了1910—1920年美国少年小说中“营火女孩”成员的形象及其成因。[②]

（五）针对保护儿童权利的教育措施的研究

针对保护儿童权利的教育措施的研究包括对强迫教育法案出台历程的研究、对特殊儿童受教育权利保障的研究及对青少年犯罪进行惩戒教育的研究。

就强迫教育法案出台历程的研究而言，大部分研究都对强迫入学法案的出台持肯定态度。佛瑞斯特·因森（Forest Chester Ensign）在《强迫入学与童工》（*Compulsory School Attendance and Child Labor*）中研究了强迫入学在美国的发展历史，以及部分州为限制童工而做出的努力。[③] 部分童工史著作，如休·辛德曼（Hugh D. Hindman）的《童工：一部美国的历史》（*Child Labor: An American History*）和柴姆·罗森伯格（Chaim M. Rosenberg）的《美国童工史》（*Child Labor in America: A History*）研究了美国童工的形成原因、学徒制度、生活与劳动，以及进步主义时代社会改革者和儿童福利组织为限制童工

---

① Susan A. Miller, *Growing Girls: The Natural Origins of Girls' Organizations in America* (New Brunswick: Rutgers University Press, 2007), pp. 83-220.

② M. Paul Holsinger, "Girls in Bloomers are More Effective Than Girls in Skirts: The Camp Fire Girls in American Juvenile Fiction, 1910-1920," *Children's Literature Association Quarterly* 12, No. 2, (1987): 83-87.

③ Forest Chester Ensign, *Compulsory School Attendance and Child Labor* (Iowa City: The Athens Press, 1921), pp. 48-230.

而采取的措施与努力。[①] 斯科特·雷宁（Scott Nearing）在《童工问题的解决方案》（*The Solution of the Child Labor Problem*）中分析了童工现象的成因、外延、社会观点，以及人们采取的针对童工现象的限制方案。[②] 沃尔特·特拉特纳（Walter I. Trattner）在《为了儿童的圣战：国家童工委员会的历史和美国的童工改革》（*Crusade for the Children：A History of the National Child Labor Committee and Child Labor Reform in America*）中研究了全美童工委员会为限制童工而进行的改革活动及其成效。[③] 弗雷德里卡·佩雷拉（Frederica Perera）在《科学作为政策的早期推动者：早期进步时代的童工改革（1870—1900）》（"Science as an Early Driver of Policy：Child Labor Reform in the Early Progressive Era，1870-1900"）中指出，进步主义时代早期的童工改革运动不仅反映了道德和经济的力量，也反映了19世纪后期儿童在生理和心理上易受环境和社会心理压力的影响。这一时期童工改革的发展基础是科学。[④]

就特殊儿童受教育权利保障的研究而言，玛格丽特·温泽（Margret A. Winzer）在《特殊教育史：从隔离到合校》（*The History of Special Education：From Isolation to Integration*）和《从合校到融

---

① Hugh D. Hindman. *Child Labor：An American History*（Armonk：M. E. Sharpe，2002），pp. 3-88；Chaim M. Rosenberg，*Child Labor in America：A History*（Jefferson：McFarland，2013），pp. 31-78.

② Scott Nearing，*The Solution of the Child Labor Problem*（New York：Moffat，Yard and Company，1913），pp. 3-24，47-83.

③ Walter I. Trattner，*Crusade for the Children：A History of the National Child Labor Committee and Child Labor Reform in America*（Chicago：Quadrangle Books，1970），pp. 21-74.

④ Frederica Perera，"Science as an Early Driver of Policy：Child Labor Reform in the Early Progressive Era，1870-1900，"*American Journal of Public Health* 104，No. 10（2014）：1862-1871.

合：20世纪特殊教育史》（*From Integration to Inclusion：A History of Special Education in the 20th Century*）中分别研究了美国殖民地时代到19世纪、20世纪至今特殊教育的发展历程。温泽认为，美国的特殊教育经历了一个从无到有、从隔离到合校再到融合的过程，这一过程体现了特殊儿童群体受教育权利的不断提升。[①] 奥斯古德（Robert L. Osgood）在《特殊教育史：美国公立学校中的平等斗争》（*The History of Special Education：A Struggle for Equality in American Public Schools*）中研究了19世纪末以来，特殊儿童在公立学校中受教育权的变化，反映了特殊儿童及其家长生活的改变。[②] 黄建辉在《公平与卓越的追求：美国特殊教育发展与变革研究》中指出，从19世纪初期至今，美国特殊教育经历了从救护到教育、从封闭到开放、从隔离到融合、从全纳到卓越四个发展阶段。随着教育理念的更新、行政与专业保障体系的完善及社会参与力量的增强，美国特殊教育的发展模式、教育过程、政府教育决策与具体发展措施均发生了本质性的改变，保障了特殊学生的教育机会、教育环境和教育成效。[③] 肖非在《美国特殊教育立法的发展——历史的视角》中研究了美国特殊教育立法的发展历程。[④] 曹春平、祝贺在《美国全面实施特殊教育的起点——米尔斯诉哥伦比亚地区教育委员会案（1972）》中指出，米尔斯案及其“威

① Margret A. Winzer, *The History of Special Education：From Isolation to Integration* (Washington, D. C.：Gallaudet University Press, 1993), pp. 3-365; Margret A. Winzer, *From Integration to Inclusion：A History of Special Education in the 20th Century* (Washington, D. C.：Gallaudet University Press, 2009), pp. 19-224.

② Robert L. Osgood, *The History of Special Education：A Struggle for Equality in American Public School* (Westport: Praeger Publishers Inc, 2007), p. 14.

③ 黄建辉：《公平与卓越的追求：美国特殊教育发展与变革研究》，博士学位论文，福建师范大学教育学部，2015，第85页。

④ 肖非：《美国特殊教育立法的发展——历史的视角》，《中国特殊教育》2004年第3期。

蒂判决”加速了1975年《全部儿童特殊教育法》的颁布，对美国特殊教育的发展历程产生了深远的影响。[①]

就青少年犯罪进行惩戒教育的研究而言，相关文献分为两类。第一类文献主要集中于法律史领域，例如斯蒂文·A. 德津（S. A. Drizin）在《美国少年法庭百年风雨》和《美国的少年法庭》中回顾了美国少年法庭成立的原因及其发展脉络。[②] 蔡国芹在《美国未成年人犯罪司法制度的起源与发展》中研究了美国针对未成年人犯罪司法制度的发展历程。[③] 戴维·塔嫩豪斯（David S. Tanenhaus）在《形成中的少年正义》（*Juvenile Justice in the Making*）中研究了女性改革家在促进少年法庭的建立、促进对少年犯罪进行惩戒教育的努力。[④] 第二类文献主要集中于社会史领域，例如约瑟夫·霍伊斯（Joseph M. Hawes）在《城市社会中的儿童：19世纪美国的少年犯罪》（*Children in Urban Society: Juvenile Delinquency in Nineteenth-Century America*）中分析了少年法庭建立的原因和影响。[⑤] 克雷门特（P. F. Clement）在《不断增长的痛苦：工业时代的儿童（1850—1890）》（*Growing Pains: Children in the Industrial Age, 1850-1890*）中分析了对违法犯罪少年

① 曹春平、祝贺：《美国全面实施特殊教育的起点——米尔斯诉哥伦比亚地区教育委员会案（1972）》，《教育科学研究》2017年第1期。

② 斯蒂文·A. 德津：《美国少年法庭百年风雨》，韩建军译，《国外社会科学文摘》2000年第5期；斯蒂文·A. 德津：《美国的少年法庭》，韩建军译，《青少年犯罪问题》2000年第2期。

③ 蔡国芹：《美国未成年人犯罪司法制度的起源与发展》，《青少年犯罪问题》2007年第5期。

④ David S. Tanenhaus, *Juvenile Justice in the Making* (New York: Oxford University Press, 2004), pp. 23-110.

⑤ Joseph M. Hawes, *Children in Urban Society: Juvenile Delinquency in Nineteenth-Century America* (New York: Oxford University Press, 1971), pp. 127-218.

儿童进行救助活动的兴起。[①] 珍妮特 · L. 芬恩（Janet L. Finn）在《儿童评判》（“Judging Childhood”）一文通过分析 1910—1914 年蒙大拿州巴特市与儿童相关的法律文书、相关文件等，认为在儿童福利体系和儿童司法制度的建立中政府扮演了重要的角色。[②]

另外值得注意的是，就美国教育史领域目前已查阅到的文献而言，针对进步主义时代的儿童问题进行的教育改革尚未发现系统、专门、集中的研究。目前已有研究散见于美国教育史通史类的研究著作中，比如劳伦斯 · A. 克雷明（Lawrence A. Cremin）的《美国教育史 3：城市化时期的历程（1876—1980）》和《学校的变革》、艾尔伍德 · 克伯莱（Ellwood P. Cubberley）的《美国公共教育：关于美国教育史的教学和解释》、乔尔 · 斯普林（Joe Spring）的《美国学校：教育传统与变革》等等。[③] 这些文献在论述进步主义时代的教育时，或多或少都谈及美国社会严峻的儿童问题及相应的教育改革，比如严重的童工现象和强迫入学法案的出台，婴幼儿死亡率高及对母亲进行育儿指导，学龄前儿童缺少看护和教育及日托所、免费幼儿园的出现，等等。这些著作大多将教育方面的儿童福利改革看作是进步主义教育运动的背景，并没有对其进行重点研究。

综上所述，关于进步主义时代儿童福利改善的各项具体措施，目

---

① Priscilla Ferguson Clement, *Growing Pains : Children in the Industrial Age , 1850-1890* (Woodbridge: Twayne, 1997), pp. 89-154.

② Janet L. Finn, “Judging Childhood,” *Children and Youth Services Review* 35, No. 8 (2013): 1166-1173.

③ 劳伦斯 · A. 克雷明：《美国教育史 3：城市化时期的历程（1876—1980）》，朱旭东等译，北京师范大学出版社，2002，第 303—352 页；劳伦斯 · A. 克雷明：《学校的变革》，单中惠等译，山东教育出版社，2009，第 51—79 页；艾尔伍德 · 克伯莱：《美国公共教育：关于美国教育史的研究和阐释》，陈露茜译，安徽教育出版社，2012，第 313—317 页；乔尔 · 斯普林：《美国学校：教育传统与变革》，史静寰等译，人民教育出版社，2010，第 278—298 页。

前学界的已有研究主要分散在社会史、女性史、法律史、公共卫生史、学前教育史、政治史等领域，为本研究提供了资料和基础，使本研究的开展具有可能性。但已有研究比较零散，基本上都是对某一项具体的儿童福利改善措施进行讨论，缺少连贯和系统的研究。其次，儿童福利改善举措中还有一些重要的事件和人物没有深入研究，有的基本史实还待挖掘。最后，已有研究基本上都是对某个事件或人物的事实性考察，未能将其放在教育与儿童发展之关系的语境中进行探讨。因此，从教育学的视角系统研究这一时期的社会改革者如何通过教育的途径改善儿童福利是重要且必要的，具有特殊的意义。

四、如何研究进步主义时代的美国儿童福利改善

从教育学层面研究进步主义时代美国儿童福利改善存在三个难点：其一是如何选择恰当的理论视角和研究框架；其二是如何恰到好处地把握广义的儿童福利与教育之间的关系；其三是如何对这一时期诸多与教育相关的儿童福利举措进行归类整理，并挑选出有代表性的关键问题进行深入研究。

就第一个问题而言，克雷明的教育生态学方法为本研究的思路和视角提供了借鉴。克雷明将教育作为一个生态系统，注意到教育与其他系统的关系。他引用了查尔斯·西尔伯曼（Charles E. Silberman）的观点："如果我们关心的事情与教育有关，那么我们就不能把注意力局限在学校中，因为教育和学校教育不是同义词。儿童和成人学习的场所不只在学校，也许更多地在校外学习。"[①] 他认为，教育结构首先应该是一种系统的、精心设计的、以社区为基础的教育，以便使所有机

① Lawrence A. Cremin, *Public Education* (New York: Basic Books, 1976), pp. 11-12, 47.

构和潜在的教育都发挥作用。每一个机构都与其他机构及整个社会相互作用，整个社会又支持着每一个机构，每一个机构又影响着整个社会。[①] 在借鉴克雷明观点的基础上，本书从“教育与社会”的关系转而关注“教育与儿童”的关系。本研究认为，以教育手段和措施为途径的儿童福利改善需要以具体的“儿童问题”为基础，经过成人的精心设计，系统地作用于从出生到青春期的儿童，对儿童进行熏陶、保护、规训，以便使所有的机构和潜在的教育都发挥作用。而儿童的身心发展规律、特点、兴趣又影响着各种以教育为途径的福利改善措施。

就第二个问题而言，因为在儿童福利运动中也包含不少与教育关联度较弱的改革措施，在本研究中直接使用儿童福利运动有混淆教育与福利之嫌。因此，本研究以“儿童福利改善”代替“儿童福利运动”这一专有名词，在最大限度上保证本研究中“儿童福利”的广义性，同时使本研究的内容保持与教育的紧密联系，侧重强调这些与教育相关的举措改善了儿童福利，带有向善、变好的指向性。

就第三个问题而言，进步主义时代的美国促进儿童福利改善的教育措施类型多、范围广、主体繁杂，全美诸多州、市、县及各级政府部门、各类社会团体、慈善机构纷纷通过教育的手段实施大量改善儿童福利的举措。如果对所有主体采取的所有措施面面俱到、逐一进行研究且不加以归类，势必会造成文献的无序堆砌与史实的单调罗列，使得研究思路不明确、研究重点不突出，有违本研究深入分析与教育相关的儿童福利举措的初衷。

为了使研究更加条理清晰、深入，本研究的思路如下：第一，在研究时段的选择上，以儿童福利改善的高潮阶段——1880—1920 年为研究重点，通过对短时段的剖析，深入理解多种儿童福利举措如何尝试解决美国社会严峻的“儿童问题”。在研究中，由于各种具体的儿童

---

① 周采：《美国教育史学：嬗变与超越》，人民教育出版社，2006，第 138 页。

福利举措的产生时间有先后差异，因此本研究虽以1880—1920年美国的、涉及教育的儿童福利举措为主要研究对象，但在某些具体问题的研究过程中将会简单涉及19世纪下半叶到20世纪30年代的背景与脉络。第二，在思路结构上，本研究首先展现美国进步主义时代实施儿童福利改善的背景，然后阐述其中与教育相关的各项具体措施。本研究以儿童福利改善涉及的领域为纬，根据这些措施所涉及的领域将其归纳为三类，分别是儿童的健康问题及其教育防护、儿童的发展问题及其教育陶冶、儿童的权利问题及其教育支持。第三，在对以上三类与教育相关的举措研究中，以儿童的年龄分期为经，主要按照儿童的年龄分期进行划分，研究婴幼儿、学龄儿童及青少年在健康、发展和权利方面遇到的问题，以及这一时期的改革者如何通过教育的途径去解决这些问题。第四，为保证研究深度，避免面面俱到导致的分散着力，在具体材料的选择上，本书尽量挑选那些典型的、关键的、与儿童福利关系最为密切的、已有研究较少的教育举措进行研究。与此同时，这一时期的一些教育举措虽然与儿童福利确实有着千丝万缕的联系，比如进步主义时代“儿童中心”课程的兴起、“露天学校”的建立、初级中学和综合中学的设立、少儿阅览室和博物馆的设置、夏令营的出现等，都与进步主义时代整个社会对儿童观念的转变、工业化社会中严峻的儿童问题有着密切的关联，且都属于通过教育的手段和途径促进儿童身心发展的举措。但由于这些教育举措在教育学领域已有比较深入的研究，或本书已详细分析其他更有代表性的教育举措，因此不再对它们进行深入挖掘。第五，在已选择的教育举措的研究中，本书仅选择最典型的案例与数据进行论证。由于文献庞杂，同一项儿童福利举措有着来自多种文献的数据，这些数据种类繁多，数量庞杂，同质性强，如何从其中选出最具代表性的数据和文献也是本研究进行过程中需要面临的挑战之一。为保证历史数据的真实性和典型性，本研究尽量选择最权威、最有代表性的数据与例证。

第一章 美国儿童福利改善产生的源泉

19 世纪末 20 世纪初，以儿童的福利改善为目标进行的社会改革数量多、领域广，成为当时美国渐进式社会改革的中心议程之一，其中有诸多具体措施都与教育有着直接或间接的关系。总体而言，19 世纪末 20 世纪初美国社会严峻的“儿童问题”是一系列儿童福利改善举措产生的社会背景。这一时期整个美国社会儿童观的转变，尤其是“受庇护的童年”（the sheltered childhood）观念、“完整儿童”（the whole child）观念、“儿童是救世主”（child as savior）观念的产生是促使儿童福利改善举措迅速发展的思想底蕴。以中产阶级白人女性为主的儿童福利者及其相关支持机构是这一时期美国儿童福利改善举措蓬勃发展的组织基础。

第一节 社会背景：严峻的“儿童问题”

19 世纪末 20 世纪初，随着工业化、城市化的发展及移民浪潮的到来，美国社会严峻的“儿童问题”成为一系列针对儿童进行的福利改善措施的社会背景。

一、美国 19 世纪中期以后的城市化与移民浪潮

在 19 世纪的前三四十年里，美国人口数量少且多为农村人口，相

对单一的农村生活使得美国人的价值观总体而言是传统的，整个美国的社会经济体系以农村为基础、以国内为中心。

到 19 世纪中叶，美国的社会面貌开始发生巨大的变化，大量涌入的移民成为廉价的劳动力，使得美国东北部和中西部的制造业城市飞速发展。从 1800 年到 1860 年，美国人口增长了十倍多，到 1890 年又翻了一番。① 这一时期，美国人口的城市化水平日益提升。1900—1910 年，美国城市人口增加了 39%；1920 年首次出现了 2500 个城镇的人口总数（5430 万）超过农村人口总数（5180 万）的现象。1880—1900 年，平均每年有 45 万移民来到美国；1900—1920 年，这一数字已达年均 90 万人。②

在这个过程中，移民的构成发生着变化。在 1846—1860 年的第一次移民浪潮中，大多数移民来自西欧和北欧，特别是英国、爱尔兰、德国和斯堪的纳维亚半岛。仅在 1846—1855 年，就有 230 万名英格兰人和爱尔兰人移民到美国。除爱尔兰人之外，其他移民大多向内地迁移，定居在美国中部、中西部和西北部各州的富饶地区。在 1880 年左右开始的第二次移民浪潮中，南欧和东欧的农民和难民成为本次移民的主体。20 世纪的前十年里，来自东欧、南欧的移民数量激增，占到美国移民总数的 72%。③ 1900 年，意大利人已经取代爱尔兰人成为美国东北部许多州最大的移民群体。④ 1900 年，大约一半的美国人口是在外国出生的，或者他们的父母出生在外国。1909 年，美国移民委员会

---

① Margret A. Winzer, *From Integration to Inclusion : A History of Special Education in the 20th Century*(Washington, D. C. :Gallaudet University Press, 2009), p. 19.

② L. 迪安·韦布：《美国教育史：一场伟大的美国实验》，陈露茜、李朝阳译，安徽教育出版社，2010，第 253 页。

③ 阿瑟·林克、威廉·卡顿：《一九〇〇年以来的美国史》（上册），刘绪贻等译，中国社会科学出版社，1983，第 11 页。

④ Margret A. Winzer, *From Integration to Inclusion : A History of Special Education in the 20th Century*(Washington, D. C. :Gallaudet University Press, 2009), p. 84.

进行了一项大规模的研究，在美国 37 个最大城市的公立学校里，57.8%的孩子是在外国出生的。在马萨诸塞州的切尔西（Chelsea）、明尼苏达州的杜鲁司（Duluth）、纽约市（New York）、芝加哥(Chicago)、波士顿（Boston），这一比例分别高达 74.1%、71.5%、67.3%、63.5%。[①] 为了与第一次移民浪潮中的移民相区别，人们通常将第二次移民浪潮中的移民称为“新移民”。本研究主要讨论 19 世纪末 20 世纪初美国社会上的“儿童问题”及其解决措施，新移民及其子女是本研究重点关注的对象。如未加专门说明，本书下文中的“移民”“新移民”均指第二次移民浪潮中迁至美国的移民。

新移民在美国主要城市的贫民区里按原来的民族聚居，并且一直保持着原先的生活方式和习俗，其着装、饮食、宗教等都与传统的美国社会格格不入。到 1893 年，150 万新移民居住在曼哈顿下东区，形成了纽约市臭名昭著的贫民窟。[②] 一位新移民在回忆他抵达纽约后的往事时说：“我的问题是使自己能与瓦斯卢伊人和罗马尼亚人，以及以前的同乡和同胞们相处。从更大的意义上来说，这里不是美国，而是外来民族集中居住的纽约东区。这完全出乎我的预料，完全改变了我的价值观，并使我晕头转向。”[③] 在 19 世纪晚期的美国，“穷人”和“移民”几乎是同义词。[④] 新移民普遍生活贫困且无一技之长，文盲率较高，只能从事城市里的底层工作，构成了美国城市工薪阶层的主体。他们聚居的贫民区人口稠密、住房拥挤、卫生条件差，充斥着各类社

---

① 劳伦斯・A. 克雷明：《学校的变革》，单中惠等译，山东教育出版社，2009，第 63—64 页。

② K. Kode, *Elizabeth Farrell and the History of Special Education* (VA: Council for Exceptional Children, 2002), p. 21.

③ M. E. Ravage, *An American in the Making: The life Story of an Immigrant* (New York: Harper & Brothers, 1917), p. 61.

④ Marvin Lazerson, "Urban Reform and the Schools: Kindergartens in Massachusetts, 1870-1915," *History of Education Quarterly* 11, No. 2(1971): 115-142.

会问题，诸如失业、酗酒、卖淫、赌博等。一份报告指出，从 1850 年到 1890 年，美国人口总数增长了 170%，犯罪人口增长了 445%。[①]

二、工业社会中的儿童问题

美国社会的变迁影响着人们的家庭生活，也直接危害到身处其中的儿童的成长，这种影响在新移民家庭中尤为凸显。在成人世界产生的诸多问题之下，儿童成了经济和政治动乱的牺牲品。

在 18 世纪的美国，贫困或犯罪的儿童被送往农村或城市家庭充当仆人、农场工人或学徒。但随着家庭工业的衰落、学徒制度的消亡及工厂企业的发展，家庭工业无法容纳数量庞大的贫困或犯罪儿童。此时青少年犯罪似乎失去控制，杀婴现象猖獗。在 19 世纪中叶，纽约市每个月发现的婴儿尸体多达 150 具。[②] 进步主义时代美国城市的贫民区中随处可见犯罪、流浪、受虐待的儿童，这些孩子在贫穷和缺乏关爱中长大，营养不良、成绩落后、早早辍学、四处流浪，成为城市的顽疾。有文献记载了这些孩子的悲惨生活：1827 年，一个名字缩写为“M. K.”的 12 岁女孩跟随父母从爱尔兰移民至美国后不久，她的父母去世了，她被安排在一个酒商家里当仆人，和那里的雇工发生了关系。另一个男孩约翰·马力甘（John Mulligan）10 岁时父亲去世，他被安置在船上，先后跟随船夫、裁缝和五金商讨生活；1825 年，14 岁的他住在纽约市的街道上，两次因偷鞋被捕，一次因当扒手被捕。为了能挣得生活费，贫穷的孩子在街上捡垃圾，小偷小摸。1826 年，一个名字缩写为“S. H. L.”的 12 岁女孩靠卖偷来的肥皂、针、铅笔和年历

---

① Margret A. Winzer, *From Integration to Inclusion: A History of Special Education in the 20th Century* (Washington, D. C.: Gallaudet University Press, 2009), p19.

② LeRoy Ashby, *Endangered Children: Dependency, Neglect, and Abuse in American History* (New York: Twayne, 1997), p. 34.

来帮助她的母亲度日，她还“学会了从男人那里赚钱的技巧，她先答应跟他们一起走，然后再跑掉”。1814 年，一个名字缩写为“A. B.”的 14 岁文盲男孩为了养家糊口，去偷窃水果、肉、手帕、鞋子和帽子。[①] 这些孩子身体虚弱、无精打采、满口脏话。玛丽 · 曼（Mary Mann）将他们称为“三到五岁的野蛮人，街道上的害虫”。[②] 他们“半裸着身体，肮脏不堪，躲在街角斜视，在城市街头游荡，睡在小巷里，偷窃、抢劫商店。小女孩光着脚站在街头乞讨，小男孩在街头捡散落的垃圾”，他们“既狡诈又机敏，与中产阶级心目中的儿童应该具有的天真形象毫无相似之处”。[③]

由于以移民为主体的工薪阶层父母缺乏必要的经济条件与儿童养育、教育的知识，包括低工资、女性外出工作、工业安全标准缺失、公共医疗技术和卫生条件的缺乏、租房过度拥挤等一系列因素造成了“家庭遗弃”（family desertion）的现象，出生在这些家庭的孩子缺少必要的关爱，在某种程度上形同被父母抛弃。美国工业化、城市化的诸多弊端集中体现在这些孩子的身上。[④] 移民儿童也给公立学校带来了巨大的冲击。在一个教室里，学生们会用 6 种不同的语言说话，却没人会说英语。马萨诸塞州的 26 个城镇甚至组织了“汽船班”，专门为移民的孩子提供英语训练，以保证他们能够在正式上课的时候正常使用英语。这些孩子进入公立学校之后，教师们增加了不少与教学并没有直接关系的、课表上找不到的活动，比如教师们每周都必须多次带学生去沐

---

① Seth Rockman, *Welfare Reform in the Early Republic* (Boston: Bedford/St. Martin's, 2002), pp. 87-88, 90.

② Marvin Lazerson, "Urban Reform and the Schools: Kindergartens in Massachusetts, 1870-1915," *History of Education Quarterly* 11, No. 2(1971): 115-142.

③ Steven Mintz, *Huck's Raft: A History of American Childhood* (Cambridge: Harvard University Press, 2004), p. 154.

④ Martha May, "The 'Problem of Duty': Family Desertion in the Progressive Era," *Social Service Review* 62, No. 1(1988): 40-60.

浴，因为“哪里有儿童，哪里就有虱子”。也正因为如此，人们对儿童的健康、道德品质、权利和义务等方面提高了关注度。[①] 可以说，儿童问题的凸显是这一时期美国经济和社会发展的产物，以移民为主体的工薪阶层儿童成为美国城市发展、社会进步的牺牲品与受害者。

不少改革家、教育家、社会工作者、专业人士都认为需要为这些可怜的孩子做点什么。1820 年，巴尔的摩（Baltimore）一位匿名作家呼吁：“请救救那些遍布街道、被忽视的可怜小东西吧!”“请把他们置于你父亲般的关怀之下，引导他们走上美德和诚实的道路。”[②] 由于儿童天然的与教育存在联系，在改善儿童福利、解决儿童问题的诸多方法中，教育途径成为最主要的措施之一。不少改革者希望通过教育的途径解决“儿童问题”，提升儿童福利，并对移民进行同化。正如玛丽·曼指出：“这是我们最早的机会，让这些小俄国人、意大利人、德国人、波兰人、叙利亚人，以及其他人变成良好的美国公民。”[③]

第二节　思想底蕴：儿童观的变革

在 19 世纪末，随着美国经济、政治与文化的发展，人们越来越明确地认识到儿童是一个独特群体。儿童，尤其是工薪阶层儿童突然之间成为人们广泛和密切关注的对象。其中的原因不仅仅是因为这些儿童遭受着严重的剥削与虐待，还与整个美国社会儿童观的变革有着密切的关系。在这一时期，美国成人、至少是受过教育的阶层对儿童的

---

① 劳伦斯·阿瑟·克雷明：《学校的变革》，单中惠等译，山东教育出版社，2009，第 64—64 页。

② Seth Rockman,*Welfare Reform in the Early Republic*(Boston:Bedford/St. Martin's, 2002),p. 17.

③ Marvin Lazerson,"Urban Reform and the Schools:Kindergartens in Massachusetts, 1870-1915,"*History of Education Quarterly*11,No. 2(1971):115-142.

态度普遍发生了深刻的改变，从过去认为儿童生来有罪、容易堕落，转变为现在的儿童崇拜（Cult of Child），儿童被赋予越来越多浪漫化、情感化的理想。[①] 对中产阶级而言，少数被集中养育的儿童承载着父母对未来的期望，应当受到良好的照料和教育；在当时流行的进化理论中，儿童甚至被当作种族进化的关键。[②] 进步主义时代的“儿童崇拜”主要包括“受庇护的童年”“完整儿童”及“儿童是救世主”这样三个层面的含义。

一、“受庇护的童年”与儿童福利改善的可能性

在进步主义时代儿童观的变革中，“受庇护的童年”的观念是诱发美国社会儿童福利改善的首要因素。这种观念主要由城市中产阶级秉承，他们认为儿童期与成人期截然不同，儿童弱小，容易犯错误，但承载着未来的希望，因此需要受到保护并与成人生活相隔离。在理想的中产阶级家庭中，父亲的工作是家庭的经济来源，母亲照顾家庭、抚养孩子，儿童完全依靠父母生活，只需要无忧无虑地上学和玩耍。儿童研究运动为“儿童具有发展潜力”的浪漫主义信念披上了科学的外衣，从科学角度支持了“受庇护的童年”的必要性。[③]

“受庇护的童年”的观念来源是复杂的，其中主要包括经验主义认识论的佐证、自由主义新教理想的向往及浪漫主义文学的推崇。经典的经验主义认识论认为儿童的心灵像一块白板，父母和环境对儿童的

① C. B. Schulz, “Children and Childhood in the Eighteenth Century,” in *American Childhood : A Research Guide and Historical Handbook*, eds. M. H. Joseph and N. R. Hiner (Westport, CT: Greenwood Press, 1985), pp. 57-110.

② Susan Tiffin, *In Whose Best Interest ?: Child Welfare Reform in the Progressive Era* (Westport: Greenwood Press, 1982), pp. 14-15.

③ David I. Macleod, *The Age of the Child : Children in America , 1890-1920* (New York: Twayne, 1998), p. 24.

影响塑造了儿童的行为和心灵。17 世纪，“福音派的加尔文主义”(evangelical Calvinism)在美国盛行，人们认为儿童生来有罪，家长需要严厉对待儿童；到 18 世纪，美国人的儿童观趋于温和，儿童被视为天真无邪、纯洁、无辜、温顺但容易堕落的个体。在家庭中，父母开始更多地强调对儿童的“爱与责任”而非“爱与敬畏”，对儿童的养育注重“理性、节制与人类意志的自由”，家长的任务是救赎儿童，确保他们的纯真不被腐蚀。① 浪漫主义者将儿童理想化，认为他们是整体性和直觉思维的象征。布朗森·奥尔科特(Bronson Alcott)认为儿童具有“神性”，童年期的天性尚未被剥夺。童年是人生的起步阶段，是性格和习惯的重要形成阶段，是一个具有高度可塑性的时期；童年不是一种需要尽快度过的状态，而是一个需要享受和延长的人生阶段。② 诗人威廉·华兹华斯(William Wordsworth)高度评价了童年的重要性，认为“儿童是成人之父”(The Child is father of the Man)。③

儿童研究运动在美国的开展深化了“受庇护的童年”的观念。1880 年，霍尔通过问卷法调查了波士顿 400 名当年新入学的儿童，发现这些儿童对生活中的常识性知识了解不多。这在一方面印证了经验主义的认识论，另一方面更使人们确信儿童处于无知、柔弱，需要成人的保护。然而，以新移民为主体的工薪阶层儿童的现实生活与中产阶级的理想和信念形成了强烈的对比和反差。在中产阶级看来，工薪阶层儿童具有希望和麻烦的双重意义。这种情况促使以白人中产阶级为主的改革者强烈关注“儿童问题”，希望全面提升儿童的权益和福

---

① C. B. Schulz, "Children and Childhood in the Eighteenth Century," in *American Childhood: A Research Guide and Historical Handbook*, eds. M. H. Joseph and N. R. Hiner (Westport, CT: Greenwood Press, 1985), pp. 57-110.

② Steven Mintz, *Huck's Raft: A History of American Childhood* (Cambridge: Harvard University Press, 2004), p. 76.

③ Margaret Ferguson, Mary Jo Salter and Jon Stallworthy (eds.) *The Norton Anthology of Poetry: fifth edition* (New York: W. W. Norton & Company, 2004), p. 1807.

利。正是由于儿童是受成人庇护的，所以才为成人主导的儿童福利改善提供了可能性。

二、“完整儿童”观念与儿童福利改善的必要性

“完整儿童”观念进一步支撑和促进了进步主义时代美国儿童福利改善的出现，集中反映了人们关于儿童自身、学校与社会、生活与教育等众多议题的总体观点和看法。追根溯源，盛行于美国的“完整儿童”观念与欧洲教育思想的影响，以及人们对生命有机体认识的不断加深有着密切的关系。

首先，就欧洲教育思想的影响而言，福禄贝尔（Friedrich Froebel）的教育思想对“完整儿童”观念的形成起到了重要作用。福禄贝尔虽然没有直接倡导儿童的完整发展，但他的思想与儿童的“自我活动”（self-activity）相结合，谈及儿童的“完整存在”（the whole being）、“完整自我”（the whole self），认为自我活动指向的是积极主动的儿童自身，代表着人生所有阶段完整自我的参与。[①] 这一观念后来对海尔曼（William Nicholas Hailmann）关于“完整儿童”的相关阐释产生了直接影响。

其次，由生物进化论带来的关于“生物整体性”的认识，使得人类关于自身的认识更为科学，人类有机体观念的影响也日渐显著。“完整儿童”观念的真正兴起实际上正是开始于这种对“人”的看法的改变。[②] 机能主义心理学的发展使人们深化了对生命有机体的认识，引发了“完整儿童”观念的出现。威廉·詹姆斯（William James）是美国

---

① Friedrich Froebel, *The Education of Man*, trans. W. N. Hailmann (New York: D. Appleton and Co., 1901), p. 11.

② 张斌贤、王蓝慧、祝贺：《“完整儿童”观念在美国的早期演变》，《比较教育研究》2020 年第 11 期。

机能主义心理学的重要代表人物，他试图克服近代世界观二元分裂的矛盾，认为心和身根源于一种原初的“同一性”，心和身是“同一性”在两个方向上的不同表现。[①] 在这种“心—身”关系理论的影响下，詹姆斯将自己的心理学观点扩展到教育学领域。在《与教师谈心理学》（*Talks to Teachers on Psychology*）一书中，詹姆斯指出传统二元对立的身心观是错误的，个体在对环境的主动反应中拥有各部分协同运作的整体机制。他把儿童描述成行为有机体，认为儿童心理的主要作用在于帮助儿童适应现实生活。教育的目的是塑造儿童的品行，使儿童既适应自然环境，又适应社会环境。由于兴趣是教学的自然起点，因此需要激发和扩大儿童的兴趣，培养儿童的意志。为了使儿童成为有理性的人，必须使儿童及早养成各种正确的观念，但他的观念必须经过实践的检验。[②] 在以詹姆斯为代表的机能主义心理学家的理论影响下，“儿童是生长着的有机体”的观念逐渐进入教育领域。美国教育学界开始认识到儿童的生长是各方面的有机统一，虽然机能主义心理学家的措辞不同，比如认为儿童是身体（body）、心智（mind）、精神（spirit）的统一，或者是身体、智力（intellectual）、道德的统一，但总的来说，都表达了儿童的生长是身、心、意志等方面协调发展的观点。拉格（Harold Rugg）对此评论说：“在詹姆斯的心理学中回响着行为、生长、活动等关键词，正是这些词汇被当时的教育革新者抓住了。人们以全面（all-round）生长的观点看待教育，这种生长包含生理、智力、道德等方面。整体的儿童（the total child）被构想出来。”[③]

海尔曼以社会性观点对福禄贝尔神学色彩浓重的理论进行改造，

---

① 高申春：《心灵的适应：机能心理学》，山东教育出版社，2009，第122—125页。

② William James, *Talks to Teachers on Psychology, and to Students on Some of Life's Ideals* (New York: Henry Holt and Company, 1910), pp. 15-18.

③ Harold Rugg and Ann Shumaker, *The Child-Centered School: An Appraisal of the New Education* (New York: World Book Company, 1928), p. 37.

并将其引入美国，后来又经过帕克（Francis W. Parker）、霍尔、亨德森（C. Hanford Henderson）、约翰逊（Marietta Johnson）、杜威（John Dewey）等教育家的传播与阐释，“完整儿童”观念最终在美国成型。“完整儿童”观念主要包含两方面的意义：其一是儿童作为一个生命有机体，其生长过程中身体、心智、精神等方面是协同发展的，不可偏废；其二是儿童在家庭、社会和学校中的生活是有机统一的，它们共同构成儿童的生活环境。从这两个方面的认识出发，改革者重新审视教育与社会中儿童面临的各类不利因素，从而呼吁进行相应的改善。①

在这种背景下，美国的教育工作者分别从“具有本能的儿童”“受环境影响的儿童”和“具有社会性的儿童”三个方面对“完整儿童”观念进行阐释。首先，“具有本能的儿童”的支持者认为儿童的本性既不好也不坏，儿童是“冲动的集合体”。② 美国有许多教育工作者，尤其是小学和幼儿园的工作者认同此观念，认为儿童与动物类似，其行为受到本能的影响。1901 年，南卡罗来纳州哥伦比亚市小学主管夏洛特·波威（Charlotte M. Powe）把儿童的工作与游戏比拟为鸟类和狗的行为。③ 其次，“受环境影响的儿童”的支持者认为儿童的思维处于“被动注意”的特殊状态，儿童的身心发展与其成长的环境有着极大的

① 张斌贤等：《美国教育改革：1890—1920 年》，中国人民大学出版社，2019，第 85 页。

② F. B. Dyer, "The Place of the Kindergarten in the Public School," in *Proceedings and Addresses of the Forty-Seventh Annual Meeting of the National Education Association*, ed. National Education Association of the United States (Winona: National Education Association of the United States, 1909), pp. 439-444.

③ C. M. Powe, "Work and Play in The Primary and Grammar Grades," in *Proceedings and Addresses of the Fortieth Annual Meeting of the National Education Association*, ed. National Education Association of the United States (Winona: National Education Association of the United States, 1901), pp. 507-512.

联系。[①] 儿童的发展还受遗传特质和经验的影响，由于遗传特质在出生后不能改变，唯一能够改变的只有经验，因此改变儿童获得的经验是成人唯一可以进行控制的因素。[②] 最后，“具有社会性的儿童”的支持者认为单纯强调科学主义的儿童观忽视了儿童的精神层面，将儿童变成了“物品”“实验的对象”。[③] 有教育工作者强调，“科学只是真理的一个方面”，“科学主义对儿童的研究是片面的，应该将儿童的身体研究和精神研究并重”。[④] 一些教育工作者开始认识到对儿童的研究不能停留在生理层面，更要深入到思想、情绪、态度的层面，“完整儿童”的观念逐渐形成。1936 年，斯坦福大学教师雷金纳德·贝尔（Reginald Bell）指出，心理学的最新研究成果表明，儿童的发展是“一个完整的有机整体（total organismic entity）”。儿童的身体、智力、情绪、行为等因素都包含在儿童的发展之内，“这些因素之间的关系必须是明确的、受重视的。这些因素之间相互影响、相互制约，儿童的身体因素影响了儿童的行为及其社会方面的发展，也影响了儿童

---

① M. E. Schallenberger, "Motive for work," in *Proceedings and Addresses of the Forty-fifth Annual Meeting of the National Education Association*, ed. *National Education Association of the United States* (Winona: National Education Association of the United States, 1907), pp. 462-466.

② L. A. Palmer, "The Principle of Development as The Basis for Kindergarten Method," in *Proceedings and Addresses of the Forty-eighth Annual Meeting of the National Education Association*, ed. National Education Association of the United States (Winona: National Education Association of the United States, 1910), pp. 378-383.

③ C. C. DuCharme, "The Concept of the Child: 1890-1940" (PhD diss., California State University, 1995), p. 18.

④ C. G. O'Grady, "Froebel's Use of Child Study," in *Proceedings and Addresses of the Thirty-sixth Annual Meeting of the National Education Association*, ed. National Education Association of the United States (Chicago: University of Chicago Press, 1897), pp. 593-598.

的情感状态；反过来，所有这些因素都影响了儿童的精神发展”。①

“完整儿童”观念的出现使得改善儿童福利变得必要。由于儿童是身体、心智、精神方面的统一，儿童智力之外的多种因素，主要包括身心健康、道德发展、基本权利的维护等直接与儿童的智力发展和学业成绩相联系。通过“完整儿童”的观念，人们针对儿童生活各方面的不利因素提出变革的理想，成为进步主义时代的美国儿童福利改善的基本理念之一，反映出进步主义时代的人们在有关儿童本身、儿童与社会生活、儿童与社会改革等诸多议题上的看法。

三、“儿童是救世主”与儿童福利改善的紧迫性

在“受庇护的童年”及“完整儿童”等新兴儿童观念的共同作用下，“儿童崇拜”渐渐演化出“儿童是救世主”的观念，这一观念将儿童推到了美国社会发展与变革的中心位置。随着社会的发展，人们不再满足于将儿童塑造得稍微超越其父辈，而是希望出现明显的、可以改变的进步。由于儿童天真无邪且愿意接受教育、具有极大的可塑性，中产阶级改革者认为社会秩序的重建和国家的发展都依赖于对儿童的教养和保护。因此，他们将解决目前社会中存在的诸多问题的希望寄于儿童，将他们看作美国社会的救世主，认为对儿童的教育和塑造是实现未来社会发展的根本途径。② 人们指望通过儿童来拯救未来的国

---

① R. Bell,“Conditions Affecting Child Growth and Development,”in *Proceedings and Addresses of the Seventy-fourth Annual Meeting of the National Education Association*, ed. National Education Association of the United States(Winona: National Education Association of the United States, 1910), pp. 298-301.

② Susan Tiffin, *In Whose Best Interest ?: Child Welfare Reform in the Progressive Era*(Westport: Greenwood Press, 1982), pp. 14-15.

家，通过教育成功地将儿童社会化，是美国进步主义愿景的核心。[①] 霍尔甚至指出，童年是“种族的天堂”。[②]

在这种观念的影响下，诸多改革措施包含的共同的逻辑线都将受益群体指向了儿童。美国历史学家韦贝（R. H. Wiebe）评论说：“如果人道的进步主义有一个中心议题的话，那就是儿童。”[③] 从 19 世纪末开始，美国的报纸、杂志等出版物中刊登的文章与照片，以及政府和民间组织发布的相关调查报告，共同展现了儿童的悲惨境遇，揭示了围绕着工薪阶层儿童生活的种种社会弊病，激发了各类群体对于儿童命运的关注，强化了人们拯救、保护儿童的社会意识。因此，依赖于成人、受忽视的儿童成为人们关注的焦点，保护儿童的权益和福利成了美国人的信仰，来自诸多领域的改革者都致力于解决美国社会严重、复杂的儿童问题，“救救孩子”的呼声高涨，改善诸多领域儿童福利的举措迫在眉睫。

第三节　组织基础：儿童福利者及其支持体系

在进步主义时代，美国儿童福利改善举措的广泛存在与大规模推进离不开众多儿童福利者的积极参与，以及相关政府机构、社会团体的大力支持。改善儿童生活、促进社会发展在众多儿童福利者、社会改革家那里获得了空前的一致，包括家长、学校、社会团体等在内的多种力量纷纷积极参与到改善儿童福利的活动中。

---

① Susan Tiffin, *In Whose Best Interest ?: Child Welfare Reform in the Progressive Era* (Westport: Greenwood Press, 1982), p. 7.

② David I. Macleod, *The Age of the Child* (New York: Twayne, 1998), p. 25.

③ R. H. Wiebe, *The Search for Order, 1877-1920* (New York: Hill & Wang, 1967), p. 169.

一、儿童福利者的构成

大力支持和积极参与进步主义时代美国儿童福利改善的儿童福利者大部分是在美国本土出生的中上阶层白人。他们大多数是清教徒，接受过大学或更高层次的教育。他们虽然积极改善美国大城市中的儿童福利状况，但自身往往居住于小城镇或农村。① 他们是一个极其多元的群体，包括精英慈善家、福音派新教徒、仁慈的中产阶级妇女、城市传教士、刑罚学家、业余或专业的慈善工作者、青年工作者、律师、医生、教育工作者和社会工作者等。他们有着不同的动机，关心不同的议题，其身后有着不同专业团体的支持，他们发起的一系列改善举措也主要是针对贫穷白人而言的。②

在"拯救儿童"这一共同目标和口号的引领下，这些来自不同行业和专业领域的改革者聚集在一起，组成了一个自我意识很强的革新者群体。他们带着将工薪阶层儿童从贫困和受虐待中解救出来的人道主义冲动、从罪恶中解救出来的宗教冲动，试图通过多种途径帮助儿童摆脱贫困、无知、残疾和犯罪的危险。在"儿童是救世主"观念的引领下，这些改革者认为，犯罪、贫穷和阶级分化可以通过拯救工薪阶层儿童来解决，拯救他们就是拯救社会和国家，这是一种混合了希望和恐惧的乌托邦式的信念，"拯救儿童"成为儿童福利者一以贯之的行动纲领。

在拯救儿童的过程中，部分儿童福利者已经开始意识到"儿童保护"与"儿童权利"之间的区别。例如畅销书《桑尼布鲁克农场的丽贝卡》(*Rebecca of Sunnybrook Farm*) 的作者凯特·威金 (Kate Douglas

---

① Susan Tiffin, *In Whose Best Interest ?: Child Welfare Reform in the Progressive Era* (Westport: Greenwood Press, 1982), pp. 45-47.

② David I. Macleod, *The Age of the Child* (New York: Twayne, 1998), p. 27.

Wiggin）曾发表了一篇题为《儿童的权利》（“Children's Rights”）的文章，她认为儿童保护是指“儿童有权得到特别保护，免受极端形式的虐待和忽视”；而儿童权利是指儿童拥有“独立的法律身份，与父母分享一定程度的自主权，享有自由、宁静、健康、丰衣足食的童年，不必承受沉重的劳动负担”。在回答“儿童属于谁”这个问题的时候，威金明确地指出，儿童不属于任何人，“父母只是神指派的监护人”。①

值得注意的是，儿童福利者虽然以救助儿童，尤其以救助工薪阶层儿童为工作重心，但他们对于穷人，尤其是新移民的态度始终是同情和轻蔑并存。② 许多“儿童拯救者”都有家长式作风、阶级和种族偏见、仇外心理和性别双重标准，他们常常以中产阶级的标准去衡量和定义工薪阶层儿童的生活，将他们在贫困下的生活现实，诸如拾荒、贩卖商品等混同于犯罪和受忽视。诸多“拯救儿童”的改革措施在目标上是模糊的，他们既希望保护工薪阶层儿童免受城市社会的危害，又希望保护社会免受危险儿童的伤害。由此而言，儿童福利者与他们要拯救的工薪阶层儿童之间存在一种辩证的关系。在对待儿童福利者改善儿童福利的举措时，既要看到他们的热情和工作成效，他们提出了解决“儿童问题”的创造性方法，体现了人们改善儿童福利的不断努力；又要看到他们在处理具体问题上的短视和家长制作风。③

在19世纪末20世纪初的美国儿童福利者中，中产阶级白人女性占了很大比例。整体而言，这些女性受教育水平较高，拥有更多的财富和休闲时间，家庭规模相对较小，花在儿童养育上的时间相对较少，

---

① Steven Mintz, *Huck's Raft: A History of American Childhood* (Cambridge: Harvard University Press, 2004), p. 183.

② Marvin Lazerson, "Urban Reform and the Schools: Kindergartens in Massachusetts, 1870-1915," *History of Education Quarterly* 11, No. 2 (1971): 115-142.

③ Steven Mintz, *Huck's Raft: A History of American Childhood* (Cambridge: Harvard University Press, 2004), pp. 155-156.

这就使得她们有机会从繁重的家务劳动中解脱出来，积极参与到社区服务和国家政治生活中来。

在19世纪下半叶兴起的第一代女权主义思想的影响下，这些女性大多数要求在立法、受教育权和经济方面与男性平等，但鲜有人脱离传统社会对性别角色的认知，仍然认为女性理应照顾家庭和孩子。因此，母性主义（Maternalism）是她们参与政治的重要途径。所谓母性主义是接受性别差异原则的政治概念，具体是指女性作为母亲的身份，主张女性有责任将其家庭价值观应用于整个社会。① 这些女性常常将城市看成是一座大房子，将社区服务看成是在更大的范围内料理家务。她们认为良好的城市管理类似良好的家务管理，在人们聪慧的管理和共同努力之下，城市的整体福祉才能增加。在整个19世纪，人们通常认为母亲是儿童的主要抚养者，女性更善于教导儿童，母亲的爱和女性的理解对儿童的成长和福利至关重要。当时甚至有人认为，很少有男性能像女性那样进入儿童的生活。因此，儿童福利领域被视为家庭职能的扩大和母性美德的延伸，是女性更擅长的领域。② 简·亚当斯（Jane Addams）曾告诫女性，仅仅照顾好家庭是无法很好地保护她们的孩子的，母亲们有责任扩展自己的改革活动范围，处理可能影响儿童福利的所有问题。③ 在母性主义的话语体系之下，诸多中产阶级白人女性积极参与社会生活，广泛参与母亲俱乐部、妇女组织、家长协会、儿童研究团体，讨论社会和国家发展的问题，其中特别关心妇女（尤其是母亲）、儿童和家庭的福利。全国母亲大会（National Congress of Mothers）的首任主席艾丽丝·伯尼（Alice Birney）曾指出母亲肩负着

---

① S. Michel and R. Rosen, "The Paradox of Maternalism: Elizabeth Lowell Putnam and the American Welfare State," *Gender & History* 4, No. 3(1992): 364-386.

② Susan Tiffin, *In Whose Best Interest?: Child Welfare Reform in the Progressive Era* (Westport: Greenwood Press, 1982), pp. 52-53.

③ Jane Addams, "Why Women Should Vote," *Ladies Home Journal* 27(1910): 21-22.

双重责任："我们既要救赎自己，也要为一个更好的社会秩序而奋斗。母亲不能只为自己的小家而活，而是要心怀所有的家庭、所有的儿童、所有的母亲。"① 她们积极参与各类慈善活动，以及地方、州、联邦和国际层面的政治活动，获得了越来越多的拥护者，在改善儿童福利的浪潮中扮演了重要的角色。儿童福利改善中的诸多重要议题，尤其是与教育相关的议题，多是以中产阶级白人女性为代表的组织领导和推进的。

这一时期，一些中产阶级白人女性成为儿童福利改善的领导者和先锋人物，其中主要包括茱莉亚·莱斯罗普（Julia Lathrop）、弗洛伦斯·凯利（Florence Kelley）、莉莲·沃德（Lillian Wald）、格蕾丝·阿伯特（Grace Abbott）、简·亚当斯等人。她们有着诸多共同点，其一，她们大多出生在富裕的家庭，父辈或祖辈有着参与政治活动和改革活动的传统。例如莱斯罗普出生在伊利诺伊州的罗克福德（Rockford），她的祖父母是伊利诺伊州废奴运动的先驱；她的父亲威廉·莱斯罗普（William Lathrop）是一名律师、共和党政客，积极倡导市政改革，曾在州议会和国会中任职，与林肯（Abraham Lincoln）总统私交甚厚；她的母亲接受过高等教育，并积极从事女性选举权活动。再例如亚当斯的父亲约翰·亚当斯（John H. Addams）是一位富有的商人、政治家，他是伊利诺伊州共和党的创始成员，曾担任伊利诺伊州参议员。其二，她们都接受过良好的教育。例如凯利在年幼时就跟随其父亲学习，16 岁时进入康奈尔大学（Cornell University）并成为一名优等生。再例如莱斯罗普先在瓦萨学院（Vassar College）学习统计学、历史学、社会学，然后在她父亲的律师事务所担任秘书并自学法律。其三，她们大多积极参与社会改革，对儿童福利活动非常感兴趣。例如阿伯特

---

① Alice B. Smuts, *Science in the Service of Children , 1893-1935* (New Haven: Yale University Press, 2006), p. 21.

曾在多个组织中致力于促进儿童福利改革的多种活动，如保护移民儿童、反对童工、减少青少年犯罪等。再例如沃德从护理专业毕业后，不仅为工薪阶层家庭传授护理知识，以公共卫生护士的身份照顾贫民区中的病人，还提倡在公立学校中教授护理知识，创办了亨利街安置所（Henry Street Settlement）。在美国，支持儿童福利改善的女性不仅仅限于这些杰出的先锋人物，广大中产阶级白人女性的广泛参与造就了儿童福利改善的强大势头。许多妇女俱乐部为儿童福利改善推进立法、筹措经费、建立各类学校。例如在世纪之交的伊利诺伊州有超过200个俱乐部，会员人数大约有2万人；其中影响最大的是芝加哥妇女俱乐部（Chicago Women's Club），该俱乐部的成员均是芝加哥地区社会地位较高的女性，她们主要围绕童工问题和儿童义务教育问题积极向政府游说，是推动芝加哥地区儿童福利改善的重要力量。①

二、政府支持：白宫儿童会议的召开与儿童局的成立

美国儿童福利改善的实施离不开美国联邦政府和各州政府的支持。由于各州政府支持下的儿童福利改善举措数量众多、范围极广，且与各地不同时期最为突出的"儿童问题"有着密切的关系，因此不易进行总结和概括。在联邦政府支持儿童福利改善的诸多举措中，白宫儿童会议的多次召开及儿童局的建立最具代表性，表明美国联邦政府在改善儿童福利问题上的决心。

1. 白宫儿童会议的召开

从1909年开始，美国联邦政府平均每过十年就召开一次白宫儿童会议，成为反映不同时代美国儿童福利改善举措的标杆。每一次儿童

① Susan Tiffin, *In Whose Best Interest?: Child Welfare Reform in the Progressive Era* (Westport: Greenwood Press, 1982), p. 53.

会议都聚焦近十年内美国最重要的“儿童问题”，专门讨论美国儿童和青年的处境和前景。由于这些会议均在白宫举行，由美国总统召集，所以这些会议被统称为“白宫会议”。召开这些会议的目的并不是为了给任何联邦机构或集团提供建议，而是面向全体美国国民，向地方、州和国家立法机构的代表，向专业人员和公民团体，向公共和私人机构提供咨询。随着时间的推移，白宫儿童会议的影响力越来越大，参与的人数也越来越多，从最初的几百人到后来的多达五千人，参与者囊括了儿科医生、社会工作者、教育工作者、社区领导者、劳工组织成员、宗教组织领袖、民间组织成员、家长等众多期望改善儿童福利的群体。

1907 年 9 月，小说家西奥多·德莱塞（Theodore Dreiser）编辑的女性杂志《描绘者》（*The Delineator*）与青年律师詹姆斯·韦斯特（James E. West）发起了一场救助孤儿院儿童的运动。韦斯特在致西奥多·罗斯福（Theodore Roosevelt）总统的信中，建议罗斯福主办一次全国性质的儿童会议，以促进孤儿在家庭中的抚养。罗斯福对此表示感兴趣，并于 1909 年 1 月 25、26 日两天主持召开第一届白宫儿童会议，成为美国儿童福利史上一个转折性的分水岭，大大提升了美国社会对儿童福利的关注。

第一届白宫儿童会议围绕受抚养儿童的问题展开，对美国未来几十年的儿童保育产生了深远的影响。本届会议首先指出关注儿童福利的重要性，认为照顾儿童就是照顾明天的国家，每一个人都有责任尽其所能保障国家的未来。本届会议认为家庭在社会生活和儿童发展中有重要意义：家庭是文明的最高形式，是塑造心灵和性格的大本营。除非有紧急和令人信服的理由，否则不应该使儿童离开家庭。除非特殊的原因，家庭不能因为贫穷而破裂。自 19 世纪后半叶以来，美国的儿童保育进入了“机构时代”，人们常常用机构代替家庭对受抚养和被忽视的儿童进行保育。从某种意义上说，1909 年的白宫儿童会议是对这一趋势的扼制。会议明确指出家庭生活对于儿童的重要性，受抚养的儿童应该“在可行的情况下在家庭中得到照顾”。[①] 其次，本届会议指出，最重要、最有价值的慈善工作是预防性质而非诊疗性质的，应该通过深入研究有效地纠正或消除危害儿童发展的原因。再次，对于那些必须离开自己家，或者无家可归的儿童，如果他们身心正常，不需要特殊的训练，应该为他们精心挑选寄养家庭，使他们在家庭中得到保育，这是对自然家庭的最好替代。对于必须在机构中得到保育的儿童，保育机构应该设在乡间。1912 年，在诸多儿童福利者的积极努力之下，设立儿童局的提议成为事实；几年后，美国儿童福利联盟成立；由于支持母亲在家照顾和教育自己的孩子，联邦政府发起“母亲补贴”（mothers' pensions）运动。罗斯福总统给各州的州长发出信件，直接号召各州的州长采取保护受抚养儿童的行动，为以后的会议提供了先例。

第二届白宫儿童会议举行于 1919 年，其主题是关于儿童福利标准的制定。本次会议的召开及主旨的制定与刚刚结束的第一次世界大战有着密切的联系。1918 年“一战”接近尾声时，为了确保每一个儿童都拥有发展的公平机会，人们开始对如何实现世界和平进行反思。在威尔逊总统的许可下，儿童局宣布将 1918 年定为“儿童年”，在全美范围内掀起了保护儿童的浪潮，激起了全美在危机时期对保护儿童的重要性的认识。威尔逊总统认为，美国的儿童人口数量占总人口数量的三分之一，为他们服务是爱国行为的重要组成部分。他希望在“儿童年”活动支持下的儿童福利工作能够成功地发展，为美国儿童的健康、教育和工作制定最低标准。

在威尔逊总统应急基金拨款的资助下，第二届白宫儿童会议召开。

---

① Children's Bureau, *The Story of the White House Conferences on Children and Youth* (Washington, D. C.: Children's Bureau, 1967), p. 1.

参加者除了少量外国专家之外，还有两百多名关心儿童福利的美国各界人士，比如社会工作者、儿科医生、产科医生、精神病学家、公共卫生护士、教育工作者、经济学家、青少年法官等。本届会议形成了第一部儿童健康与福利的标准，认为公众在保护儿童方面有必要进行更多的努力，为儿童充分提供指导、服务、资金、设备或立法方面的保护，同时还应充分考虑每个儿童及其家庭的特殊性。

本届儿童会议主要聚焦四个话题，包括保护母婴健康、制定儿童福利标准需要参考的经济和社会基础、童工问题、需要特殊照顾的儿童。会议主要制定了这四个方面的最低标准，并在其后的十年内各州为保护儿童而制定的诸多立法中得到修正。例如在母婴健康方面，本届会议讨论并支持建立保护产妇和婴儿的最低标准，该提案最终促成1921年国会通过的《谢帕德-唐纳法案》（*Sheppard-Towner Act*），亦即《妇婴法》，该法案促成了州和地方保护母婴健康、服务母婴的相关文件出台。

2. 儿童局的成立

儿童局是美国商业劳动部（Department of Commerce and Labor）下属的一个机构，该机构有权调查并向商业劳动部报告所有与各个阶层儿童的生活和福利相关问题的数据，诸如儿童的出生率、死亡率、孤儿和弃儿数量、童工数量、儿童的疾病与事故数量、各州与儿童相关的法令内容等。① 在其鼎盛时期，该局的管理人员几乎全都由女性担任，这在20世纪初任何联邦机构中都是罕见的。

儿童局的产生与发展和莉莲·沃德、弗洛伦斯·凯利等女性儿童福利者有着密切的关系。1903年，沃德提议建立一个永久的联邦儿童局，她认为："如果政府能够有一个专门管理农作物的部门，为什么不

---

① 劳伦斯·A. 克雷明：《美国教育史3：城市化时期的历程（1876—1980）》，朱旭东等译，北京师范大学出版社，2002，第313页。

能有一个专门管理全国儿童的部门呢?”[①] 诸多组织支持成立儿童局，其中主要包括全美童工委员会（National Child Labor Committee）、妇女俱乐部总联合会（General Federation of Women's Clubs）、全美母亲大会（National Congress of Mothers）等。经过这些组织漫长的努力，在 1909 年第一届白宫儿童会议的支持下，成立儿童局的法案于 1912 年获得通过，并于当年 4 月 9 日由总统威廉·霍华德·塔夫脱（William Howard Taft）签署，儿童局成为世界上第一个专门致力于儿童及其母亲的福利的国家政府机构。塔夫脱总统为儿童局进行拨款，要求该局报道美国“各阶层人民中有关儿童福利和儿童生活的一切事项”[②]。茱莉亚·莱斯罗普被任命为儿童局的首任领导者，儿童局成为联邦政府获取与美国儿童相关信息的首要来源。

儿童局在成立之初隶属于美国商业劳动部，1913 年成为劳工部（Department of Labor）的组成部分。它没有行政权力，最初每年获得的拨款在 25 万—35 万美元。[③] 儿童局倡导“完整儿童”的观念，认为每个儿童都有权利享有受保护的童年，免于贫穷、受剥削和较差的身心健康状况。在儿童局成立的最初二十年，儿童局的工作重点是婴幼儿健康和童工问题，同时包括诸多其他研究主题，比如青少年犯罪、母亲援助、非婚生儿童、寄养儿童和儿童疾病等。儿童局在这些领域都做出了令人瞩目的成绩，比如 1923 年，儿童局下属的委员会建立了美国第一个有效的青少年法庭标准。[④] 1923 年，儿童局出版了《受抚养

---

① Kriste Lindenmeyer, *A Right to Childhood : the US Children's Bureau and Child Welfare , 1912-1946* (Champaign: University of Illinois Press, 1997), pp. 5-6.

② Kriste Lindenmeyer, *A Right to Childhood : the US Children's Bureau and Child Welfare , 1912-1946* (Champaign: University of Illinois Press, 1997), p. iv.

③ Kriste Lindenmeyer, *A Right to Childhood : the US Children's Bureau and Child Welfare , 1912-1946* (Champaign: University of Illinois Press, 1997), p. 119.

④ Dorothy E. Bradbury, *Four Decades of Action for Children : A History of the Children's Bureau* (Washington, D. C. : Children's Bureau, 1956), p. 19.

子女的寄养家庭保育》（*Foster-Home Care for Dependent Children*），强化了美国社会对儿童家庭寄养的关注。1926 年，儿童局总结了母亲援助立法的历史和现状，为 1935 年《社会安全法》（*Social Security Act*）中对受抚养儿童的援助规定奠定了基础。[①] 儿童局与耶鲁大学医学院、纽黑文市的卫生部门合作进行了一项关于儿童佝偻病的研究，证明了简单的预防方法行之有效。[②]

儿童局的第一个工作重点是确定婴儿死亡人数、推广婴儿出生登记工作、了解为什么有如此多的婴儿在 1 周岁前死亡、降低婴儿死亡率。1914—1921 年，儿童局在美国 10 个城市完成了婴儿出生登记工作，并对婴儿死亡率进行了研究。这些研究揭示贫穷和婴儿死亡之间存在紧密的联系。[③] 儿童局积极致力于保护母婴健康、降低婴儿死亡率，为此进行了多种活动，例如推广孕妇产前护理、建立合格的牛奶站、开设婴儿保健诊所、设立公共卫生护士、在全美社会开展公共卫生运动和母亲教育活动等。[④] 儿童局开展的与母婴健康相关的福利活动是当时全美各地广泛开展的与儿童健康相关的福利改善活动的重要组成部分。为进一步强化整个美国社会对儿童福利的重视，儿童局将 1918 年设立为“儿童年”，口号是“拯救 10 万名婴儿”。[⑤]“儿童年”活动不仅致力于促进孕产妇和儿童的健康，还包括记录贫困对儿童健康

---

① Children's Bureau, *The Children's Bureau Legacy: Ensuring the Right to Childhood* (Washington, D. C.: U. S. Department of Health & Human Services, 2012), p. 53.

② Dorothy E. Bradbury, *Four Decades of Action for Children: A History of the Children's Bureau* (Washington, D. C.: Children's Bureau, 1956), pp. 26-27.

③ Children's Bureau, *The Children's Bureau Legacy: Ensuring the Right to Childhood* (Washington, D. C.: U. S. Department of Health & Human Services, 2012), pp. 32-34.

④ Kriste Lindenmeyer, *A Right to Childhood: the US Children's Bureau and Child Welfare*, 1912-1946 (Champaign: University of Illinois Press, 1997), pp. 49-50.

⑤ C. A. Connolly and J. Golden, "'Save 100 000 Babies': the 1918 Children's Year and its Legacy," *American Journal of Public Health* 108, No. 7 (2018): 902-907.

的影响、努力降低学校的退学率、确保儿童享有安全的游戏空间、解决诸如孤儿和犯罪儿童等特定儿童群体的需求等。在儿童局和妇女委员会等的监督之下，全美数千个社区参加了“儿童年”活动，这一举措使得数以万计的儿童在第一次世界大战期间获得了温饱和基本的卫生条件。此外，儿童局还出版了关于孕妇产前护理、婴儿和儿童护理的小册子，在美国各个阶层的家庭中畅销。至 1929 年，全美大约一半的婴儿都从这些小册子提供的保教信息中获益。[①] 20 世纪 20 年代，儿童局在《谢帕德-唐纳法案》的出台和管理工作中做出了重要的贡献，协助各州采取了诸多保障母婴健康的措施，比如助产士的培训和许可资格制度的开展，通过巡回健康讲座、家访、函授课程等进行的家长教育，产房的建立标准和许可资格制度的开展，母婴死亡率数据的收集，等等。截止到 1929 年，在儿童局的协助下，全美大约有 400 万名婴幼儿和 70 万名孕妇从该法案中获益。[②]

约从 1915 年开始，解决童工问题成为儿童局工作的重点。1915 年到 1930 年，儿童局通过走访童工的家庭和工作场所来调查儿童的生活与工作条件，并在此基础上发表了 31 份研究报告。[③] 1916 年，美国国会通过了《基廷-欧文法案》(*Keating-Owen Act*)，禁止使用童工，国会将管理和执行这项法案的责任分配给了儿童局。1917 年 4 月，莱斯罗普聘请了著名的儿童劳动改革家格蕾丝·阿伯特主管儿童局的童工工作。

从 1912 年到 1938 年，儿童局从一个主要对儿童福利进行研究和推广的机构，变为一个儿童福利管理机构。其初期工作渗透着美国社会

---

① Molly Ladd-Taylor, *Raising a Baby the Government Way: Mothers' Letters to the Children's Bureau, 1915-1932* (New Brunswick: Rutgers University Press, 1986), p. 2.

② Kriste Lindenmeyer, *A Right to Childhood: the US Children's Bureau and Child Welfare, 1912-1946* (Champaign: University of Illinois Press, 1997), p. 104.

③ Children's Bureau. *The Children's Bureau Legacy: Ensuring the Right to Childhood* (Washington, D. C.: U. S. Department of Health & Human Services, 2012), pp. 39-41.

关于女性、儿童、社会福利的价值观念，对儿童作为需要特殊关照和保护的生命阶段的认可做出了重要的贡献。有研究者指出，尽管儿童局在成立初期获得的经费不多，但发挥着尤为重要的作用。它很快变成了领导美国儿童福利改革的中心，在某些情况下，儿童局成为获取有关全美儿童及其家庭福利信息的权威机构。[①]

---

① Robert H. Bremner, *From the Depths : the Discovery of Poverty in the United States* (New York: New York University Press, 1956), pp. 221-222.

第二章　儿童的健康问题及其教育防护

随着生理学和心理学的研究不断取得新进展，进步主义时代的美国人逐渐将儿童视为身体、心智、精神等多方面统一的有机体，“完整儿童”的观念在整个美国社会受到越来越广泛的认可。与此同时，美国在城市化进程中产生了诸多影响儿童健康的问题，儿童的身体健康成为这一时期社会改革者、儿童福利者重点关注的议题之一。在这些改革者的努力下，一系列与儿童健康相关的教育防护措施出现，主要包括针对婴幼儿的卫生与健康开展的母亲教育，以及为提高学龄儿童的健康和学业水平而开展的一系列健康防护措施。

第一节　婴幼儿健康与母亲教育

在19世纪，由于医疗科学、卫生条件和食物杀菌技术的制约，美国婴幼儿常常由于胃肠道疾病、呼吸道疾病及传染性疾病死亡。1850年，婴幼儿死亡率高的问题第一次被认为是一个社会问题，人们认为其罪魁祸首是城市过于拥挤，卫生条件差。[①] 在1880年代和1890年代，美国20%的婴儿在一周岁前死亡，婴儿死亡数量约占当时美国城市死亡人口总数量的20%。由于婴幼儿死亡率高，当时美国几乎每个

---

① Steven Mintz, *Huck's Raft: A History of American Childhood* (Cambridge: Harvard University Press, 2004), p. 176.

城市的殡仪馆中都有专门用来为年幼孩子举行葬礼的白色灵车。[①] 婴儿死亡的主要原因包括：食用了不卫生和带菌的牛奶、缺乏对孕妇的产前护理、居住条件肮脏或通风不畅等。如果不是因为照顾者的贫困、无知和忽视，半数以上的婴儿死亡都是可以避免的。随着整个社会卫生运动的开展及儿科学的发展，儿童福利者、负责公共卫生的官员、儿科医生都将降低婴幼儿的死亡率作为进步主义潮流的一部分。人们采取了大量的行动从公共卫生和家庭保健层面来规范儿童养育，其具体措施主要包括清理城市卫生环境、改善婴儿的喂养、提高牛奶质量，以及在 1910 年代前后开始加强的母亲教育。进步主义时代的这些改革措施将美国婴幼儿的死亡率降低了一多半。[②]

在 20 世纪初期的进步主义者看来，家庭对于儿童早期智力和道德的发展、身体的发育至关重要，母亲在这其中起着举足轻重的作用。旧观念认为，母性本能会让女性习得关于育儿的所有知识，但这种观念显得越来越不合时宜。儿童养育不再是个体化的活动，而是与整个社会的医疗卫生条件、健康知识等息息相关。越来越多的医生和社会工作者确信，降低婴幼儿死亡率的唯一方法是教给母亲们正确的卫生方法和营养方法。[③] 但是，他们认为母亲，尤其是工薪阶层母亲通常对于婴幼儿的卫生与健康知识知之甚少，她们忽视儿童或用守旧的方式养育儿童，不能胜任母亲的职责。因此，进步主义者大力推进母亲教育，认为只有这样才能使儿童获得科学的养育。例如 1909 年 2 月伊迪斯·豪（Edith Howe）将降低婴儿死亡率的话题引入了全美母亲大会

---

① Stuart Galishoff, *Safeguarding the Public Health : Newark , 1895-1918* (Westport: Greenwood Press, 1975), p. 107.

② Steven Mintz, *Huck's Raft : A History of American Childhood* (Cambridge: Harvard University Press, 2004), p. 173.

③ Steven Mintz, *Huck's Raft : A History of American Childhood* (Cambridge: Harvard University Press, 2004), p. 176.

(National Congress of Mothers)，她认为母亲的无知及社会的冷漠造成了婴幼儿死亡率高的事实，只有那些有知识、有组织、不畏艰险的母亲能解决这一难题。豪认为母亲教育是整个社会的责任，为了让母亲们掌握科学的育儿知识和实用的育儿方法，社会必须通过多种渠道进行母亲教育。①

在母亲教育领域，儿童福利者和儿科医生主要通过出版书籍、发放宣传册、委派专人指导、举办有关婴幼儿健康的项目和活动等方式传播最新的医学建议，以此来改善家庭中母亲们的育儿观念和育儿活动。通过这些活动，不少妇女发现，自己“只有走出家门，才能知道自己孩子的身体正在发生什么变化”②。虽然母亲教育的内容往往是以中等收入家庭为假设、以中产阶级家庭的价值观作为标准，但通过书籍和宣传册的大量发行及其他证据表明，这一时期母亲教育的影响面非常广泛，实际上影响到各个阶层的美国人。③ 1912 年，一个针对全美人口超过 15 000 人的所有城市进行的调查显示，与任何实质性的物质帮助相比，母亲教育成为全美婴幼儿保健工作的首选目标。④

---

① Alisa Klaus, *Every Child a Lion : The Origins of Maternal and Infant Health Policy in the United States and France ,1890-1920*(Ithaca:Cornell University Press,1993), pp. 139-140.

② W. W. Hutt,"The Health Cycle,"in *Eleventh Biennial convention : Official Report*, ed. General Federation of Women's Clubs (San Francisco: General Federation of Women's Clubs,1912),p. 309.

③ 劳伦斯·A. 克雷明:《美国教育史 3：城市化时期的历程（1876—1980）》，朱旭东等译，北京师范大学出版社，2002，第 321—323 页。

④ Alisa Klaus, *Every Child a Lion : The Origins of Maternal and Infant Health Policy in the United States and France ,1890-1920*(Ithaca:Cornell University Press,1993),p. 74.

一、儿科医生的育儿建议

随着儿科学的发展，不少著名的儿科医生开始撰写有关儿童养育的家庭教育手册，其中较为著名的是美国儿科学奠基人之一、资深儿科教授、纽约市儿童医院医学主任 L. 埃米特·霍尔特（L. Emmett Holt）和深受心理学影响的儿科医生本杰明·麦克莱恩·斯波克（Benjamin McLane Spock）。

霍尔特首先倡导以预防措施作为儿科看护的基本机制。霍尔特认为，在世纪之交，婴儿死亡的主要原因是消化道疾病，因此他把改善卫生条件、提高城市牛奶供应的质量，以及普及婴儿卫生学知识作为降低婴儿死亡率的主要手段。就婴儿卫生学领域而言，霍尔特给出了三项基本建议：第一，儿科医生应和妇女组织一起发展更为科学的儿童保育；第二，应该培养称职的看护人员；第三，撰写适合家用的科学育儿材料。为此，霍尔特撰写了《儿童的照料与喂养：供母亲、保育员使用的问答手册》（*The Care and Feeding of Children : A Catechism for the Use of Mothers and Children's Nurses*）[①]，该书以问答的形式讲述了婴儿卫生、疾病、营养和早期训练方面的经验。这本书成为后来玛丽·米尔斯·韦斯特（Mary Mills West）《婴儿看护》（*Infant Care*）的重要参考材料之一。

斯波克生于纽黑文的一个富裕家庭，他曾接受过精神分析培训，并在儿童养育专业人士的精神分析培训中心工作过。斯波克认为，当时没有一本育儿手册结合了儿科学和心理学。因此，斯波克于 1946 年出版了《婴儿和儿童看护》（*The Common Sense Book of Baby and*

① L. Emmett Holt. *The Care and Feeding of Children : A Catechism for the Use of Mothers and Children's Nurses*(New York:C. Appleton and Company,1894),p. 66.

Child Care）。该书发行后极受欢迎，其销量在发行的 10 个月之内超过 50 万册，到 1972 年超过 2400 万册。[①] 斯波克在手册中阐述的观点不同于霍尔特，他更关注儿童发展的正常过程及父母对儿童的关心。斯波克要求父母欣赏自己的孩子，与孩子“自然的”相处，不要以限制和惩罚的手段限制儿童的某些行为，要用能够表达家庭之爱的方式来教导儿童。[②]

二、儿童局及其相关组织的母亲教育宣传活动

儿童局及其相关的妇女团体、公共卫生团体在加强母亲教育的过程中发挥了举足轻重的作用。通过各种项目和活动进行母亲教育、保障婴幼儿健康成了儿童局的工作重点之一。由于同样关注婴幼儿的健康，诸多妇女团体、公共卫生团体在开展母亲教育的过程中与儿童局形成合力。这些组织主要包括全美妇女联合会（National Women Association，1908 年更名为 Parent Teacher Association，即家长-教师联合会）、母亲俱乐部（Mothers' Club）、妇女俱乐部总联合会及一些地方性的协会，比如波士顿的牛奶和婴儿卫生联合会（Milk and Baby Hygiene Association）、费城健康局（Philadelphia Bureau of Health）的儿童卫生部门（Division of Child Hygiene）、纽约牛奶委员会（New York Milk Committee）、纽约市儿童卫生部门（New York City Division of Child Hygiene）等等。这些组织与儿童局共同致力于通过多种活动开展母亲教育，比如发放宣传册、开展关于婴幼儿健康的项目等等。

---

① Lynn Z. Bloom, *Doctor Spock: Biography of a Conservative Radical* (Indianapolis: The Bobbs-Merrill Company, 1972), pp. 101, 116.

② Benjamin Spock, *The Common Sense Book of Baby and Child Care* (New York: Duell, Pan and Pearce, 1946), pp. 2-3.

（一）发放宣传册

为了应对公共卫生领域资源的有限性，儿童局在母亲俱乐部的协助下首先采取发放宣传册的方法开展母亲教育。这些宣传册主要包括韦斯特写给全美“普通母亲”的三本必读书目：《胎儿期的照顾》（*Prenatal Care*）、《婴儿看护》及《学龄前儿童保育》（*Child Care: the Preschool Age*）。她虽然不是医生，但独自抚养了五个孩子，同时也是明尼苏达大学专为儿童局培养的研究人员。在这三本宣传册中，《胎儿期的照顾》主要讲述了从怀孕到哺育婴儿过程中的各个注意事项，诸如怀孕时要尽早看医生、在医院分娩、保证分娩期间的绝对卫生、坚持母乳喂养等。[①]《婴儿看护》涵盖了婴儿的食物、衣着、居住条件、锻炼、纪律、健康和卫生等领域的注意事项：韦斯特强调母亲有责任亲自哺育孩子，要让孩子保持清洁，拥有足够的睡眠和清新的空气，通过规范的作息和系统的训练建立起良好的生活习惯。[②] 在《学龄前儿童保育》中，韦斯特在继续强调儿童的健康与卫生、饮食和穿着、居住等物质生活条件的同时，还强调加强儿童的游戏和教育。韦斯特认为，游戏承载了儿童的“基本天性”，为儿童打下了健康生活的基础；成人应避免对儿童进行简单压制和粗暴惩罚。[③]

在这三本宣传册中，《婴儿看护》的销售量最高。这本书不仅包括了当时被广泛认可的医学观点，还在后续的修订过程中不断加入新的医学建议，其中主要参考了霍尔特的《儿童的照料与喂养：供母亲、保育员使用的问答手册》。这本小册子最初只是在儿童局的要求下发

---

① Mary Mills West, *Prenatal Care* (Washington, D. C.: Government Printing Office, 1913), pp. 6-7, 26, 32, 34.

② Mary Mills West, *Infant Care* (Washington, D. C.: Government Printing Office, 1914), pp. 62-63.

③ Mary Mills West, *Child Care: the Preschool Age* (Washington, D. C.: Government Printing Office, 1918), pp. 28, 39, 47, 50.

行，但出版之后颇受广大母亲的喜爱，很快成为当时社会的流行读物，甚至成为议员们馈赠选民的首选礼物。由于儿童局的印刷预算有限，印出的数量无法满足社会上的巨大需求。从 1921 年开始，《婴儿看护》不断修订再版，其销售量一直持续增长。1955 年，《婴儿看护》的销量达到 3500 万册，超过了当时其他所有的政府出版物。1961 年其销量达到 4500 万册，1972 年达到了 5900 万册。该书最初只有英文版，后来为方便移民使用，一些州将其翻译为德语、意大利语、波兰语、意第绪语、斯洛伐克语、匈牙利语、法语和日语；第二次世界大战后，该书被州政府翻译成更多语言远销世界各国。《婴儿看护》可以说是当时最重要的一份教育文献。以《婴儿看护》为代表的育儿手册被广大美国家长阅读，并随着强迫入学率的提高而扩大读者面。这些手册的发行量表明其读者群体不再仅限于特定的阶层。虽然没有证据直接表明这些手册和书籍是否真的影响了父母养育和教育儿童的方式，但至少可以看出人们养育和教育儿童方式的变化趋势。①

（二）各类婴幼儿健康项目的开展

除了发放宣传册和设立家访护士之外，儿童局与各类妇女团体、公共卫生团体联合开展各类具有教育性的儿童健康项目。由于政府用于公共卫生的支出很少，1917 年仅有人均 20 美分，因此大部分费用由慈善机构、妇女团体等负担。②

首先，妇女俱乐部总联合会和儿童局于 1916 年在全美各州联合发起了 2083 场“婴儿周”（National Baby Week）活动聚焦母亲教育，教给母亲们具有真正健康价值的实用知识。比如强调母乳喂养的好处，

---

① 劳伦斯·A. 克雷明：《美国教育史 3：城市化时期的历程（1876—1980）》，朱旭东等译，北京师范大学出版社，2002，第 321—323 页。

② David I. Macleod, *The Age of the Child* (New York: Twayne, 1998), p. 44.

如何进行清洁的瓶喂，如何清洗尿布，如何清洁奶嘴和奶瓶等。[①] “婴儿周”活动是典型的美国式的儿童健康项目，其目标是教育父母，尤其是母亲，让他们了解婴儿真正的需要是什么。类似的活动还包括“拯救婴儿展”（Baby-Saving Show），在此类展览上，家访护士教给父母如何对房间进行清洁和装饰、如何对牛奶进行冷藏、如何有效防止害虫飞入等实用技能。这种做法不仅教给了母亲们科学、实用的卫生习惯和婴幼儿保健知识，还将中产阶级的生活方式在潜移默化中传递给工薪阶层。

其次，在1918—1919年的“儿童年”（Children's Year）活动中，儿童局对学龄前儿童进行身高和体重的检查，在超过16 500个城镇和村庄实施了测量工作，使全美11个州内至少三分之一的5岁以下的幼儿受益。[②] “儿童年”活动在整个美国影响广泛，该活动在美国绝大部分州都有不同程度的开展；由于参与此活动的儿童数量众多，儿童局不得不在三个月内将发放的50万张体检卡增印到600万张。[③]

最后，儿童局还通过对州长和议员进行游说、促使各州健康委员会加入这场运动等方式促进各州儿童卫生部门的建立。儿童局在成立的最初几年成功地说服了7个州建立了儿童卫生部门；到1920年11月，有35个州建立了儿童卫生部门；1924年时全美除1个州之外均有这样的机构。[④]

---

① Robert Bremner, *Children and Youth in America : A Documentary History*, Vol. 2 (Cambridge: Harvard University Press, 1970), p. 784.

② Alisa Klaus, *Every Child a Lion : The Origins of Maternal and Infant Health Policy in the United States and France , 1890-1920* (Ithaca: Cornell University Press, 1993), pp. 162-168, 259, 288.

③ Robert Bremner, *Children and Youth in America : A Documentary History*, Vol. 2 (Cambridge: Harvard University Press, 1970), p. 784.

④ Robyn Muncy, *Creating a Female Dominion in American Reform , 1890-1935* (New York: Oxford University Press, 1994), p. 100.

三、家访护士制度的设立

家访护士制度是美国婴幼儿保健工作的核心，也是这一时期母亲教育的一个重要途径。1912 年，全美有 43 个人口超过 15 000 人的城市设有家访护士。[①] 一般而言，家访护士对本区范围内所有的新生儿进行家访，尤其是那些由助产士接生的孩子，或者在医院的免费病房出生的孩子。每天家访护士都会拿到一份前一天出生的婴儿名单，她们到每个婴儿的家中，指导母亲如何给婴儿喂奶、洗澡、穿衣，并进行基本的家庭卫生保健。[②] 例如费城聘用的一名护士曾对 544 名母亲进行家访，指导她们进行婴儿的照顾和喂养，并且每周将这些母婴聚集在一起，记录婴儿的体重。夏末时，这个委员会还对来称体重次数最多的婴儿，以及最重的婴儿颁发奖励。[③] 公共卫生官员认可家访护士制度对母亲教育的作用，他们认为，大部分母亲见到自己的孩子茁壮成长，就会积极咨询家访护士并遵循其建议。在这种传统式的友好拜访中，家访护士与她拜访的母亲建立起一种个人联系，不仅传递给工薪阶层母亲科学的育儿知识，很多时候还包括中产阶级的诸多习惯和观念，比如工业社会的生活方式、科学的卫生习惯及对卫生保健的重视。

在这一时期，美国城市配备的家访护士常常与牛奶站的设立相联系。调查显示，1911 年美国运营的 43 个牛奶站中，42 个具有教育的成分，为母亲们提供医疗咨询和儿童保教咨询服务。除了 2 个牛奶站之

---

① Alisa Klaus, *Every Child a Lion : The Origins of Maternal and Infant Health Policy in the United States and France , 1890-1920* (Ithaca: Cornell University Press, 1993), p. 74.

② S. Josephine Baker, *Fighting For Life* (New York: The Macmillan Company, 1939), p. 86.

③ Alisa Klaus, *Every Child a Lion : The Origins of Maternal and Infant Health Policy in the United States and France , 1890-1920* (Ithaca: Cornell University Press, 1993), pp. 141-142.

外，其他的都聘请了家访护士，在家访时对母亲的育儿活动进行指导。例如在波士顿，牛奶与婴儿卫生联合会强调在供应牛奶的时候加强对母亲的教育。在大多数的情况下，护士负责牛奶站的管理工作，纽约牛奶委员会的威伯·菲利普（Wilbur Phillips）认为家访护士是牛奶站的“灵魂”，他甚至希望在与当地社会工作者的协商下，选派医生来担任家访护士。①

四、母亲学校的开办

在上述多种措施的基础上，不少州还直接开办了母亲学校。这些母亲学校通常设立在公立学校、教堂等便于母亲们集会的场所，集中传授实用的育儿知识。例如在伊利诺伊州，在当地的医生、妇女组织的共同努力下，母亲学校得以建立。这些学校主要教母亲们如何预防传染病、保持家庭的清洁与卫生、婴儿喂养、夏季食物处理等实用知识。在新泽西州，妇女俱乐部州联合会的健康委员会也热衷于举办母亲课堂。再例如罗得岛妇女大会的成员在普罗维登斯举办教育活动，她们通常在公共学校举办公开的会议，使用多种语言进行交流，在开场之前还用娱乐节目吸引观众，然后由医生或护士非正式地讲解育儿问题，并设置提问环节。②

---

① Alisa Klaus, *Every Child a Lion : The Origins of Maternal and Infant Health Policy in the United States and France , 1890-1920* (Ithaca: Cornell University Press, 1993), pp. 74-75.

② Alisa Klaus, *Every Child a Lion : The Origins of Maternal and Infant Health Policy in the United States and France , 1890-1920* (Ithaca: Cornell University Press, 1993), p. 170.

五、教育未来的母亲——女孩教育

这一时期母亲教育的对象不仅包括已生育孩子的女性，还包括未成年的女孩，尤其是需要在家长工作时照顾其弟弟妹妹的工薪阶层家庭女孩。妇女俱乐部总联合会的哈特夫人（W. W. Hutt）建议聚焦儿童健康教育，尤其是女孩的健康教育。她指出，“教育一个男孩，你只是教育了一个男人；教育一个女孩，你就教育了一整代人”。她认为女性在改变公众对于婴儿死亡率的看法方面具有原动力。①

教育女孩掌握婴儿保健知识和方法的活动主要是通过一个名为“小妈妈联盟”（Little Mothers' League）的社会团体实现的。该团体最初建立于纽约市，本意是招募在校女孩进行婴儿照顾与保健的课后学习，让她们将婴儿卫生保健的原则传播到她们的家庭中，成为纽约市儿童卫生部门的辅助力量。这样一来，这些女孩不仅能够在她们的母亲外出工作时，更好地在家里充当“小妈妈”的角色照顾其弟弟妹妹，还能将科学的育儿方法传播给她们的母亲。等这些女孩长大后，她们也能更好地履行母亲的职责。至 1911 年，纽约市共有 239 个“小妈妈联盟”，成员人数达到 2 万人。②“小妈妈联盟”的理念和做法逐渐在美国其他大城市传播开来。

随着“小妈妈联盟”的不断壮大，该团体还培养这些女孩作为志愿者，协助公共健康护士开展婴幼儿的卫生保健工作。例如在纽约市，这些女孩学习公共卫生、公民学等知识，宣誓作为纽约市儿童健康部

---

① W. W. Hutt, "The Health Cycle," in *Eleventh Biennial convention : Official Report*, ed. General Federation of Women's Clubs(San Francisco: General Federation of Women's Clubs, 1912), p. 309.

② S. Josephine Baker, *Fighting For Life*(New York: The Macmillan Company, 1939), p. 134.

门的志愿者，致力于减少婴幼儿死亡。她们走进贫民区向周围的母亲传授育儿知识，比如如何给孩子清洗、喂养，让孩子呼吸新鲜的空气，不要用襁褓紧紧裹着孩子等。她们还协助公共健康护士劝说母亲们定期将孩子送到婴儿健康站进行检查。在这些女孩的帮助下，公共健康护士逐渐获得了工薪阶层家庭的信任，成了影响母亲育儿活动的权威。到 1920 年，全美有 35 个州设置了公共健康护士。

六、母亲教育的效果

尽管这些通过母亲教育提高婴幼儿健康水平的措施都是暂时性的，但进步主义时代美国婴儿的健康状况确实有所提升。在其他导致婴幼儿死亡的因素几乎不变的情况下，1910 年代死于小儿痢疾的婴幼儿数量明显减少，死于肺炎和流感的婴幼儿比例也略有下降。在全美有数据统计的 10 个州内，死于痢疾和肠炎的婴幼儿从 1900 年的每 10 万人中有 4430 人下降到 1910 年的每 10 万人中有 3779 人；这一数据在 1920 年再次降到每 10 万人中有 1626 人。尽管这种减少部分上来讲是因为统计数据的地区有所扩展，更多的乡村地区被包括在内，但也确实代表了婴幼儿健康水平的提升。①

有证据表明，婴儿死亡率的降低主要是由于越来越多的家庭采取了预防措施，而不是因为公共卫生条件的改善。在费城，那些建立了婴儿保健所的地方，婴儿死亡率下降的最快；但是纽瓦克（Newark）在建立了婴儿健康计划之后，婴儿死亡率的下降反而不如建立之前那么快了。最可信的解释就是越来越多的父母提升了家庭卫生条件并采取了更安全的喂养方式，其肇始就是 1910 年代的母亲教育倡导的煮牛

---

① David I. Macleod, *The Age of the Child* (New York: Twayne, 1998), pp. 44-45.

奶、给奶瓶和奶嘴消毒等科学的喂养方式。[①] 因此，家庭预防措施的提升虽然没有革命性地降低进步主义时代婴幼儿的死亡率，但确实是导致婴幼儿死亡人数快速减少的主要原因。

第二节 改善公立学校卫生环境

19 世纪末，美国公立学校对学龄儿童的身体健康并未给予足够的关注，学校中的卫生教育仅停留在让学生正确认识烟酒的危害，体育训练的目的也主要是促进学童的肌肉发展、提高身体的灵活性和掌握一定的运动技能。从 19 世纪七八十年代开始，在关于医学和公共卫生的期刊文章中、在各州或各地区医学协会的演讲中、在市政改革协会和美国公共健康协会（American Public Health Association，简称为 APHA）的报告中，人们逐渐认识到学校教育和学校生活中的不当因素对学童健康造成了严重的危害。到 1880 年，此类文献的数量越来越多，APHA 在其医学文献索引（Index Medicus）下新增了“学校卫生学”（School Hygiene）的门类。[②] 随着大规模的社会调查变得越来越普遍，1900 年前后，城市学童群体中存在的体质不佳、身体缺陷、营养不良等问题开始有了确切的统计数据，学校教育和学校环境中诸多不利于儿童健康的因素也进入了人们的视野。

通过调查，人们认识到公立学校环境中有大量不利于学童健康的因素，针对这些不利因素，人们采取了相应的措施。1883 年，APHA 成立了学校卫生委员会（Committee of School Hygiene），主要负责调查全美城镇中公立学校的卫生状况。1884 年在 APHA 的年会上，学校

---

① David I. Macleod, *The Age of the Child* (New York: Twayne, 1998), pp. 44-45.

② Alexandra Minna Stern and Howard Markel (eds.), *Formative Years: Children's Health in the United States, 1880-2000* (Ann Arbor: University of Michigan Press, 2002), p. 187.

卫生委员会将调查结果做了分类汇报，其结果揭示出许多公立学校在校园的选址、通风、供暖、排水、厕所卫生、照明等多方面存在不符合卫生标准的因素。以印第安纳州为例，该州大多数公立学校的校舍较为陈旧，大约65%的学校面积小于或等于半英亩；30%的公立学校没有任何通风设施；58%的学校不要求学生接种疫苗，12%的学校未采取任何预防传染病的措施；在使用火炉供暖的学校中，17%的学校存在安全隐患；40%的学校没有独立的水井，而在拥有独立水井的学校中，12%的水井从不清理；20%的学校没有抽水马桶，而在有抽水马桶的学校里，40%的设施是坏的，在可用的抽水马桶中85%的设施从未进行过清洗或者消毒；教室的窗户上很少装有窗帘，学童不得不被阳光直晒；有超过30%的教室将黑板装在两个窗户之间，27%的教室内黑板表面是光滑的，这两种明显的错误都严重影响了学童的视力；14%的学校由于排水不良而经常积水，学童不得不穿着被溅湿的衣服和鞋子坐在教室里学习。①

卫生环境恶劣的公立学校存在于美国多个地方。美国海军医务主任、APHA会长阿尔伯特·吉恩（Albert L. Gihon）呼吁人们应重视学校环境对学童健康的影响，他认为只要人们到公立学校“呼吸一下教室里污浊的空气，坐一坐刑架般的凳子，看一看刺眼的光亮，嗅一嗅厕所里刺鼻的气味”，就明白学童为什么一到开学季就食欲不振、脸色苍白，也明白他们为什么身形佝偻、眼睛近视、脾气暴躁。② 在大量的事实和数据面前，人们意识到全美国的公立学校，尤其是城市中的

---

① E. S. Elder, "Sanitary Survey of The School-Houses In Indiana," *in Public Health Papers and Reports*, ed. American Public Health Association (Concord: Republican Press Association, 1884), pp. 57-68.

② Albert L. Gihon, "The Sanitary Responsibilities of the Citizen," in *Public Health Papers and Reports*, ed. American Public Health Association (Concord: Republican Press Association, 1884), pp. 1-16.

公立学校的卫生设施和条件严重影响了学童的健康。基于“清洁有助于虔敬，身体健康有助于心灵健全”的认识，为了整个国家未来的健康和福祉，人们开始采取多项措施改善公立学校的卫生环境。①

首先，人们意识到改善学校的卫生条件与环境需要专家，尤其是儿科医生的指导。学校楼房的建造、教室内桌椅的构造、课本和纸张的质地、学童每天在校时间的长短、体力和智力活动的交替等都是由学校委员会规定的，但学校委员会的成员里没有儿科医生，所以需要聘请儿科医生进行指导。由于工作对象的特殊性，儿科医生同时也是教育者，他们的建议对学校健康和卫生环境的建设有着重要的意义，只有根据生理卫生和心理卫生的规律对儿童进行教育，才能促进学童健康成长。② 其次，人们开始加强对学校安全设施和卫生设施的修缮。在安全方面，由于学校火灾等事故的出现，人们对楼梯和安全出口进行了修缮，一方面改变其质地、增加其数量，另一方面使它们具备防火和防震的功能，同时学校还建立了评价标准来衡量学校建筑在安全方面的达标程度。③ 在学校卫生设施方面，人们加强了对各类卫生设施的改造和清洁，比如为没有通风设施的学校安装换气扇，或者将原有的通风管道改造为两个出口，一个进气，一个排气；使底楼的教室具备充足的光照，而那些阳光无法直接射入的底楼将不再作为教室；根据相关标准规定每间教室最多可容纳的学童数量，避免过于拥挤；为厕所安装排气管道，并且使用金属材料修建厕所以便于清洁等。④

---

① W. G. Elliot, “Address,” in *Public Health Papers and Reports*, ed. American Public Health Association (Concord: Republican Press Association, 1884), pp. 25-26.

② Robert Bremner, *Children and Youth in America: A Documentary History*, Vol. 2 (Cambridge: Harvard University Press, 1970), p. 898.

③ Robert Bremner, *Children and Youth in America: A Documentary History*, Vol. 2 (Cambridge: Harvard University Press, 1970), p. 895.

④ Robert Bremner, *Children and Youth in America: A Documentary History*, Vol. 2 (Cambridge: Harvard University Press, 1970), p. 895.

第三节　促进学童健康的福利措施

由于缺乏运动、教室通风不良、课桌椅不舒适、教室内光照不足、课本印刷模糊、课业负担沉重等因素的影响，学童的身体健康受到了损害，其成长和发展受到了阻碍。因此对于当时许多美国学童，尤其是城市中的学童而言，获得知识就意味着"丢掉健康"，去上学就意味着变得"病弱"。①

一、公立学校中的健康检查

公立学校中的健康检查主要是对学童的视力和牙齿进行检查。就视力检查而言，在 1884 年 APHA 的报告中有数据指出：在接受调查的 9344 名学童里，随着年级的升高，近视儿童的比例也在升高，平均每个年级大约有 39％的学童近视；在 1004 名近视的学童中，只有 28 人的父母近视，大部分学童的近视是后天造成的。② 在 1895—1896 学年，人们对巴尔的摩公立学校的 53 069 名学童开展视力检查，发现有 40％的学童具有不同程度的眼部疾病或视力问题。③ 就牙齿检查而言，1906 年，人们对居住于马萨诸塞州郊区布鲁克莱恩（Brookline）的 700 名学童进行了牙齿检查后发现，只有 166 名学童的牙齿状况良好，有 355

① Alexandra Minna Stern and Howard Markel(eds.), *Formative Years: Children's Health in the United States, 1880-2000* (Ann Arbor: University of Michigan Press, 2002), p. 186.

② S. O. Richey, "Deterioration of Vision in School Children," in *Public Health Papers and Reports*, ed. American Public Health Association(Concord: Republican Press Association, 1884), pp. 51-56.

③ Hiram Woods, Jr. "The Recent Examination of the Eyes Among the Baltimore Public School Children," *Maryland Madical Journal* 38(1898): 38-40.

名学童的牙齿状况较差，179 名学童的牙齿状况一般。[①] 同年，纽约市学龄儿童身体健康委员会（The New York Committee on Physical Welfare of School Children）对该市 51 所学校里学童的身体健康状况进行调查，发现有 1400 名儿童在视觉、听觉、呼吸等方面存在不同程度的障碍，并存在牙齿、营养等方面的问题，而且调查发现许多儿童的家庭环境对其健康十分有害。[②]

儿童的视力问题和牙齿问题逐渐成为学校健康检查的重要内容，视力健康与学童的学业成绩有着密切的关系，牙齿健康则对于保证学童的营养和整体健康有着重要的意义。儿童经常在毫无意识的情况下变得近视，并且不愿意说出来。尽管 40％的学童有或轻或重的视力问题，但只有 15％的学童表示有头痛、眼睛疲劳、眼睛疼痛等症状。由于存在视力问题，这些儿童的学业成绩经常落后于同龄人，但人们常常将原因归结于愚笨。这种情况在小学二年级中表现最为明显，80％的学童有视力缺陷：大部分的学童只有七八岁，但也有一部分孩子因为留级已经十或十一岁。[③]

基于此，一方面，诸多城市对学童进行视力检查并针对检查结果为学校及家长提出建议。比如让家长摒弃偏见，为儿童配上度数合适的眼镜；视力差到不能正常上学的学童可以到盲人学校就读，学校为他们设计特殊的课程；改善教室内不恰当的桌椅摆放方式，最大限度地合理利用光照；使用可以调节的单人课桌，并控制教室内的学童人

---

① Robert Bremner, *Children and Youth in America : A Documentary History*, Vol. 2 (Cambridge: Harvard University Press, 1970), pp. 913-916.

② New York Committee on Physical Welfare of School Children, "Physical Welfare of School Children: An Examination of the Home Conditions of 1400 New York School Children Found by School Physicians to Have Physical Defects," *Publications of the American Statistical Association* 10, No. 78(1907): 271-316.

③ E. Oliver Belt, "Defective Eyes Among Pupils in the Public Schools of Washington City," *Virginia Medical Monthly* 20(1893): 45-46.

数，避免过于拥挤；在新教学楼的选址和修建过程中要注意教室内的光照，对陈旧教学楼要进行修葺。[①] 另一方面，部分州还为视力检查进行立法，以保障州内所有学童都能够在学校的认真督促下获得免费的视力检查；学校的教师还需要向州教育委员会及学童的父母或监护人告知这些孩子的视力情况。[②] 就牙齿检查而言，学校主要采取的措施首先是在秋季一开学就进行牙齿检查，因为这个时节牙医有比较充裕的时间诊治这些儿童；其次是将检查结果告知学童的父母或监护人，同时提供合理的建议；再次是通过谈话或讲座的形式让学童了解保护牙齿对于身体健康的重要性；最后是部分州设立了学校牙科卫生门诊，为学童进行牙齿清洁和牙病检查，教给学童正确的刷牙方法，并通过发放家长读物对家长进行教育。[③]

由于将儿童的身体、心智、精神等诸多方面视为统一的整体，不少研究者认为健康问题是致使学童出现学业落后的重要因素之一。例如有研究者认为腺样体肥大会使学童“不专心、情绪紊乱、记忆力差”，从而使其心灵“变得愚钝”。[④] 基于此，美国各州纷纷开设学校医务室，为学童开展健康检查。健康检查不仅能够发现传染病，而且能够发现学童的身体缺陷。健康检查的范围也随着学童的实际情况做出调整。随着时间的推移，人们为学童提供的健康检查范围不断扩大，从最开始的预防和甄别传染病到检查视力和牙齿，再到引入全套体检，在某些疾病流行的时期还会对学童进行流行病检查。不少地区为公立

---

① Hiram Woods, Jr. “The Recent Examination of the Eyes Among the Baltimore Public School Children,” *Maryland Madical Journal* 38(1898): 38-40.

② Robert Bremner, *Children and Youth in America: A Documentary History*, Vol. 2 (Cambridge: Harvard University Press, 1970), pp. 912-913.

③ Robert Bremner, *Children and Youth in America: A Documentary History*, Vol. 2 (Cambridge: Harvard University Press, 1970), pp. 913-916.

④ Arnold L. Gesell and Beatrice Chandler Gesell, *The Normal Child and Primary Education* (Boston: Ginn, 1912), p. 283.

学校的所有学童进行全面体检，不仅会检查学童的营养状况、听力、视力、味觉、扁桃腺、心智，还会检查学童是否患有淋巴结肿大、染色体疾病、身体畸形、心肺疾病、皮肤病等。① 1894 年，为发现学童中传染病的早期症状，波士顿在公立学校中率先引入健康检查，主要的检查项目包括癣、脓疱、猩红热、白喉、麻疹等。这些检查不仅能预防和甄别传染病，排查儿童在情绪和精神方面的缺陷，确保学童在校的健康，而且能指导教师如何应对班上的患病儿童。② 在流行病爆发期间，人们还对学童进行额外的医疗检查，比如芝加哥的公立学校在流感期间为学童进行流感测试，纽约市也在流行病期间对公立学校的学童采取了多种预防和检查手段。③ 此外，有的城市还为学童设立心理卫生门诊，例如明尼阿波利斯 1925 年在公立学校中设立了心理卫生诊所，对那些在行为和心理上出现问题的学童进行疏导。④

公立学校中全面的身体检查发现大量儿童营养不良，患有黄疸病，或有轻微的身体疾病。例如在洛杉矶（Los Angeles）接受检查的 5000 多名在校儿童中，61%的人患有视力缺陷，31%的人患有腺样体疾病，25%的人患有扁桃体肿大，22%的人患有听力缺陷。1908 年，医务人员对纽约市三所公立学校中主要由爱尔兰人、犹太人、意大利人构成的 1442 名儿童进行体检，发现有 73%的儿童有牙病，59%的儿童有呼

---

① S. Josephine Baker, "School Medical Inspection in New York City," *Medical Record (1866-1922)* 84, No. 25(1913): 1117.

② Samuel H. Durgin, *Medical Inspection of Schools* (Boston: Press of David Clapp & Son, 1897), pp. 9-13.

③ H. O. Jone, "Public Schools of Chicago During Influenza Epidemic, 1918," *American Journal of Public Health* 9, No. 1(1919): 62-63; S. Josephine Baker, *Fighting for Life* (New York: The Macmillan Company, 1939), pp. 154-156.

④ Smiley Blanton, "The Function of the Mental Hygiene Clinic in the Schools and Colleges," in *The Child, The Clinic and The Court*, ed. Jane Addams, etc. (New York: New Republic, 1927), pp. 93-101.

吸疾病，42%的儿童有视力疾病，39%的儿童患有扁桃腺萎缩，15%的儿童患有贫血。再例如1911年，医务人员对纽约市230 243名学童进行体检后发现，72%的学童健康存在问题，除了前述几种常见疾病之外，还包括2.5%的学童患有营养不良，0.7%的学童患有心脏病，0.5%的学童患有骨科疾病，0.4%的学童患有舞蹈病（chorea），0.4%的学童患有肺病，0.2%的学童患有肺结核淋巴结疾病。[①]

为学童进行检查的除了医生之外还有学校护士（school nurse），她们不仅负责协助检查和治疗，还会对因病离开学校的学童进行跟踪护理。进入20世纪之后，为学童进行医疗检查的城市迅速增多，到1910年，共有400个城市实施了学校医疗检查。[②]

二、在公立学校中引入特殊的健康项目

除了改善学校卫生环境和对学童进行检查之外，这一时期针对学童的教育防护措施还包括在学校中引入特殊的健康项目，主要包括针对公立学校中的学童开展的学校午餐计划（School Lunch Program）和“新鲜空气基金”（Fresh Air Found）项目。

（一）公立学校午餐计划

随着大量移民的涌入，美国工薪阶层儿童的数量也迅速增多；随着强迫教育法案的出台和不断修订，这些儿童虽然进入公立学校，但仍然无法获得足够的食物充饥，学业成绩也不甚理想。1904年，社会学家罗伯特·亨特（Robert Hunter）在《贫穷》（*Poverty*）一书中描

---

① John Edward Wallace Wallin, *The Mental Health of the School Child, the Psycho-Educational Clinic in Relation to Child Welfare* (New Haven: Yale University Press, 1914), pp. 1-3.

② Luther Halsey Gulick and Leonard P. Ayres, *Medical Inspection of Schools* (New York: Survey Associates, Inc., 1913), p. 16.

述了纽约和芝加哥工薪阶层的贫苦生活，他指出，为饥饿、需要营养的学童提供餐食有着重大的意义。工薪阶层儿童在公立学校里接受的教育很有可能是他们这一生获得的唯一教育，但他们家境贫困、缺乏家长的监督和指导，在身体疲倦、食不果腹、营养不良的状态下难以进行有效的学习，人们必须为这样的学童提供基本的物质生活条件。①

当时美国社会上这样的学童很多。约翰·斯帕戈（John Spargo）通过调查发现，在纽约市 16 所公立学校的 12 800 名学童中，有 987 人不吃早餐就来上学，有 1963 人早餐质量不高；在中午，许多学童会不吃午餐或购买一些垃圾食品。② 食不果腹或没有高质量的食物导致许多学童营养不良。例如通过对费城贫困地区一所公立学校的 500 名学童进行体检发现，有 119 人营养不良，比例高达 23.8%。1909 年，波士顿针对所有儿童的健康检查显示，8 万名儿童中有 5000—6000 名儿童营养不良或贫血。③ 1908 年，根据芝加哥市教育委员会的预测，在该市公立学校就读的 30 万名儿童中，有将近 5000 名学童忍受着“日常性饥饿”，超过 15 000 名学童不能保证一日三餐，超过 30 000 名学童存在食物不足。芝加哥市将近一半的学龄儿童患有一种或多种因长期营养不良造成的身体缺陷，如贫血、骨骼变形、肌肉张力差等。④ 由此人们推断，美国城市中可能有 10%的学龄儿童存在严重的营养不良问题。⑤斯帕戈指出：“美国至少有两百万的学龄儿童成了贫穷的牺牲品，他们

---

① Robert Hunter, *Poverty* (New York: The Macmillan Company, 1912), pp. 216-217.

② Louise Stevens Bryant, *School Feeding: Its History and Practice at Home and Abroad* (Philadelphia: J. B. Lippincott Company, 1913), pp. 197-199.

③ Louise Stevens Bryant, *School Feeding: Its History and Practice at Home and Abroad* (Philadelphia: J. B. Lippincott Company, 1913), p. 203.

④ Andrew R. Ruis, "Eating to Learn, Learning to Eat: School Meals and Nutrition Policy in the United States, 1900-1946" (PhD diss., University of Wisconsin-Madison, 2011).

⑤ Louise Stevens Bryant, *School Feeding: Its History and Practice at Home and Abroad* (Philadelphia: J. B. Lippincott Company, 1913), p. 204.

无法获得最基本的生活保障，尤其是充足的营养。这些孩子在多种因素的影响下无法获得学业成功，我们花在教育上的钱因此完全浪费了。”①

社会学家关于贫困家庭和贫困学童的描写使得诸多社会改革者和儿童福利者开始想办法对这些学童进行救助。不少儿童福利者参考了欧洲各国和澳大利亚应对儿童营养不良和身体缺陷问题的做法，呼吁美国的公立学校为学童提供免费且有质量保障的餐食。与此同时，随着营养科学的发展，人们逐渐发现科学膳食的重要意义与作用，学校午餐成为改善儿童膳食、影响儿童饮食习惯的一个切入点。②

19 世纪至 20 世纪，为公立学校的学童提供午餐的尝试最早出现在费城和波士顿，后来在东部的纽约、克利夫兰（Cleveland），中西部的密尔沃基（Milwaukee）、芝加哥、辛辛那提（Cincinnati），西部的洛杉矶等城市里都逐渐出现了学校午餐项目。这些项目的发起者大多是一些社团或协会个人发起，出于对儿童福利和教育的兴趣，他们开始对个别学校的学童进行零星的食物供应，后来在各地教育委员会的参与下，这些自发的行为逐渐演变成由各州教育行政部门主导的儿童教育与福利项目。③

在费城，斯塔尔中心协会（Starr Center Association）1894 年开始为一所公立小学的学童提供简餐（penny lunch）；很快，家校联合会（Home and School League）成立了午餐委员会，将午餐计划扩展到了费城的九所公立小学。后来，费城学校委员会负责运营学校午餐计划，

---

① John Spargo, *The Bitter Cry of the Children , 1876-1966* (London: The Macmillan Company, 1906), p. 117.

② Susan Levine, *School Lunch Politics* (Princeton: Princeton University Press, 2008), pp. 10-11.

③ G. W. Gunderson, *The National School Lunch Program : Background and Development* (New York: Nova Science Publishers, 2003), pp. 7-15.

并于 1912 年春建立起高中午餐部（Department of High School Lunches），为全市高中生提供午餐；与此同时，家校联合会继续向九所公立小学提供午餐，这种做法一直持续到 1915 年。后来由于家校联合会无力运营，费城学校委员会将小学和高中的午餐项目都至于高中午餐部的管理之下。[①] 1908 年，纽约市学监威廉·H. 马克斯维尔（William H. Maxwell）向学校委员会递交了一份报告，建议为“每所学校的学生”以“可承受的价格”提供“简单、有益健康的食物”。[②] 在由医生和社会工作者组成的学校午餐委员会的调研之后，1908 年秋，纽约市教育委员会正式批准在位于贫民区的第 51 公立小学设立学校午餐的试点。该学校有 2000 名学生，大多数是爱尔兰移民。1908 年感恩节前，第 51 公立小学首次为学生提供午餐，餐食试图迎合爱尔兰移民儿童的口味，包括饼干、水果等，每位学生全餐共计花费三美分。1908—1909 学年，第 51 公立小学为学童提供了约 19 000 顿餐食。[③] 1910 年，该项目扩展到纽约市其他公立学校，并由学校委员会支付燃气和各类设备的费用，人工费和原材料费从售卖午餐的收入中获得。1920 年 1 月之前，纽约市公立小学的午餐计划由志愿的社会组织来运营；1919—1920 学年，学校委员会开始负责运营曼哈顿区和布朗克斯区（Bronx）的公立学校午餐计划，并于第二年将负责的范围扩展到全市公立学校。公立学校午餐的试点在美国其他城市的发展也方兴未艾，

---

① Emma Smedley, *The School Lunch : Its Organization and Management in Philadelphia* (Media: Emma Smedley, 1920), pp. 1-14.

② G. W. Gunderson, *The National School Lunch Program : Background and Development* (New York: Nova Science Publishers, 2003), p. 11.

③ R. Ruis, “The Penny Lunch Has Spread Faster than the Measles: Children’s Health and the Debate over School Lunches in New York City, 1908-1930,” *History of Education Quarterly* 55, No. 2(2015): 190-217.

1904 年，芝加哥至少有 12 所公立学校提供学校午餐。①

纽约市通过对学童体重的测量检验公立学校午餐项目的效果：在 3 个月的时间内，纽约市学校委员会对 143 名参与午餐计划的学童以及 81 名未参与午餐计划的学童进行追踪调查后发现，参与午餐计划的 143 名学童的体重在这 3 个月内共增长了 91 磅 4 盎司②，平均每人增长 10.2 盎司；未参与的学童的体重在这 3 个月内共增长了 17 磅，平均每人增长 3.4 盎司；这两组都有学童体重减轻，但减轻的幅度在参与午餐计划的组里比例更小。人们认为这组调查数据表明，学校午餐有益于儿童的身体健康。③

（二）新鲜空气基金

1877 年，公理会牧师威拉德·帕森斯（Willard Parsons）发起了“新鲜空气基金”项目，将居住于纽约市贫民区的孩子送到郊区的中产阶级家里度过两周的暑假。在随后的几十年里，“新鲜空气基金”项目的影响范围迅速扩大，变成一个声势浩大的、带有教育性质的儿童健康项目。帕森斯认为城市贫民区与拥挤、污浊、疾病和恶习相联系，而乡村则恰恰相反，代表着健康、美德与和谐。儿童生来纯真、无辜，是城市贫民区的受害者，将儿童与贫民区的生活环境相分离有助于从身体和精神上对他们进行教育。

帕森斯选择纽约作为发起“新鲜空气基金”项目的地点，主要是因为纽约的儿童问题在美国最为典型。作为全美最大的城市，纽约是当时美国一系列极端社会事件的发源地，纽约贫民区的生活条件最为恶劣，居住拥挤、空气污浊、疾病蔓延，帕森斯认为纽约学童最需要

---

① Andrew R. Ruis, “Eating to Learn, Learning to Eat: School Meals and Nutrition Policy in the United States, 1900-1946” (PhD diss., University of Wisconsin-Madison, 2011).

② 1 磅＝16 盎司＝0.4536 千克。

③ G. W. Gunderson, *The National School Lunch Program: Background and Development* (New York: Nova Science Publishers, 2003), p. 11.

通过乡村生活获得短暂的休息。同时，纽约聚集了众多移民，在“熔炉”（melting pot）理论之下，帕森斯及其他改革者希望对移民儿童进行“美国化”，帮助他们融入美国文化的主流。帕森斯认为，“新鲜空气基金”项目可以使移民儿童感受美式的乡村生活，享受到和中产阶级同龄人一样的“受庇护的童年”。①

“新鲜空气基金”项目每年挑选60名居住于纽约市贫民区的3—12岁儿童，主要挑选那些最需要休息、过于劳累或者患有呼吸疾病、食不果腹的贫苦孩子。后来考虑到不少年长些的女孩需要照顾弟弟妹妹或者当童工，该基金对女孩的年龄限制扩展至16岁。在“新鲜空气基金”项目的支持下，这些儿童被送到乡村度过两周暑假生活。1877年，当组织者把第一组儿童带到乡村之后，帕森斯写到，“他们的面容变得不那么疲倦了，我希望他们学会如何开怀大笑”；两周之后，帕森斯又写到，“他们来的时候是成人，回去的时候是儿童”。这些参加“新鲜空气基金”项目的儿童在美国东北部小镇的寄宿家庭中享受到了受庇护的童年生活。尽管“新鲜空气基金”项目不带有教派倾向，但通过诸多与宗教相关的活动，项目的举办者亦希望儿童养成基本的宗教习惯，借此影响儿童的信仰，使他们变成更好的基督徒。②

---

① Priscilla Ferguson Clement, *Growing Pains : Children in the Industrial Age, 1850-1890* (New York: Twayne, 1997), p. 3.

② Julia Guarneri, "Changing Strategies for Child Welfare, Enduring Beliefs about Childhood: The Fresh Air Fund, 1877-1926," *The Journal of the Gilded Age and Progressive Era* 11, No. 1 (2012): 27-70.

第三章　儿童的发展问题及其教育陶冶

如何通过教育的手段促进不同年龄段儿童的全面发展，是儿童福利者和教育改革者重点关注的问题之一。在1890—1920年，教育改革者、儿童福利者在教育领域实施了一系列旨在促进儿童全面发展、陶冶儿童良好道德品质的教育举措，其中主要包括设立日托所和免费幼儿园，为因母亲外出工作而无人照顾的幼儿提供看护；设立游戏场（Playground）、学校花园以及假期学校（Vacation School），使学龄儿童拥有安全且富有教育意义的校内外活动场所；通过各种课外活动组织，为男女青少年提供丰富且具有教育意义的活动，培养他们形成符合社会要求的性别角色。

第一节　工薪阶层幼儿的照护与教育

日托所和免费幼儿园都是针对工薪阶层学龄前儿童，尤其是学龄前移民儿童的带有福利性质的教育机构，旨在为他们提供安全、满足基本物质需求且富有教育意义的生活和受教育环境。学龄前移民儿童是受救助的主体，日托所和免费幼儿园对他们的照料和教育中，常常渗透着符合中产阶级价值观的生活方式和思想观念。

一、日托所的出现

照顾年幼儿童的责任大多由母亲承担，而且这种责任并没有因为女性外出工作而出现显著的改变。此外，美国18至19世纪的儿童平均入学年龄呈上升趋势：18世纪有不少幼儿二三岁的时候就去上学，这种情况到了19世纪则变得罕有，但各州之间的入学年龄差别仍较大。到19世纪70年代末，各州儿童平均的入学年龄为六七岁。[①] 1875年以来，随着城市的发展、越来越多的贫困母亲外出工作及儿童入学年龄的上升，在单亲家庭和父母都外出工作的贫困家庭里，为学龄前儿童提供日间看护成了一个需要特别考虑的问题。

（一）幼儿日托的需求高涨

由于生活所迫，工薪阶层女性必须外出工作，且无力聘请佣人或者管家，因此不少女性在工作时把孩子带在身边；也有不少孩子独自一人待在家里或待在亲戚、邻居的家里，由其哥哥姐姐或亲戚、邻居照管；另有一些孩子在街上流浪。然而，不少儿童福利者对这种缺乏照顾或具有替代性照顾的孩子感到担忧，他们主要担心儿童由此可能造成意外的身体伤害，担心这样的照料不利于儿童的身心发展。[②] 在他们看来，儿童独自待在家里充满了危险，简·亚当斯在赫尔会所最初见到的3名跛足儿童都是因为独自在家而摔伤了腿：第一个孩子是因为从三楼窗户摔了下来；第二个孩子是因为烧伤；第三个孩子的脊柱已经变形，因为他三年来一直被绑在厨房的桌子腿上，每天中午他的哥哥从附近工厂匆匆赶回，把午餐分给他，只有这个时候才能解开对这

---

① 劳伦斯·A.克雷明：《美国教育史3：城市化时期的历程（1876—1980）》，朱旭东等译，北京师范大学出版社，2002，第326页。

② David I. Macleod, *The Age of the Child* (New York: Twayne, 1998), p. 47.

个孩子的束缚。[①] 在美国南部的农村，年幼的孩子常常因为独自在家而烧伤或摔伤；在北卡罗来纳州的一个县，火灾和事故造成了超过四分之一的1—6岁黑人儿童的死亡。[②]

此外，儿童福利者也反对让年长些的儿童承担起照顾其弟弟妹妹的责任。一方面，他们认为这种现象违反了“受庇护的童年”的理想：这些孩子比其弟弟妹妹大不了多少，却需要牺牲读书和玩耍的时间来照顾更小的孩子。芝加哥的一名社会福利工作者曾见到一名11岁的男孩整天照顾一个仅15个月且患有痢疾的婴儿。另一方面，充当照顾者的儿童对其弟弟妹妹而言控制力不足。底特律一名女孩就反驳照看她的哥哥们：“你们不是我的上司。”[③] 这种照顾事实上质量不高，充当照顾者的儿童也只是基本保障其弟弟妹妹的安全。纽约一名女孩曾回忆说，她和好友们坐在婴儿车旁边“愉快地闲聊，度过漫长且舒适的下午，顺带照看婴儿的安全”[④]。再者，亲戚或者邻居也只是在白天抽空跑来照看孩子，而且这种服务在很多情况下也是有偿的。在曼哈顿西区，外出工作的女性共育有221名幼儿，这些孩子中有181人由亲戚或者邻居照看。这些女性每周需要支付给儿童看护者1.5美元—2美元的报酬，并需要给孩子提前准备食物。[⑤]

---

① Jane Addams, *Twenty Years at Hull House: With Autobiographical Notes* (New York: The Macmillan Company, 1910), pp. 167-168.

② Frances Sage Bradley and Margaretta A. Williamson, *Rural Children in Selected Counties of North Carolina* (Washington, D. C.: U. S. Government Printing Office, 1912), p. 40.

③ David I. Macleod, *The Age of the Child* (New York: Twayne, 1998), p. 47.

④ Catharine Brody, "A New York Childhood," *The American Mercury* 14, No. 53 (1928): 62.

⑤ Leslie Woodcock Tentler, *Wage-earning Women: Industrial Work and Family Life in the United States, 1900-1930* (New York: Oxford University Press, 1979), p. 156.

（二）日托所的出现

在工作时间为无人照料的幼儿提供看护显得越来越重要，正规和非正规的日托所（day nursery）约从19世纪中叶开始在美国逐渐出现。一些家庭愿意在工作时间照管幼儿，以营利为目标。然而，这些日托所常常过于拥挤，且环境也不适于幼儿居住。1918年，有调查者调查了4名开办非正规日托所的女性，发现"第一名女性在四间昏暗、通风不良的房间里每天照顾30—40名幼儿；第二名女性在同样差的环境里照顾12名幼儿；第三名女性的视力不足0.1，在两个房间照看了14名幼儿；第四名女性照顾了8名幼儿，她在做生意的时候就把这些孩子锁在二楼的房间里"①。

在私人、企业和慈善机构的赞助下，一些仿家庭的机构承担起照看幼儿的职能，早期慈善性质的正规日托所开始出现，大多数由以中产阶级女性为主的慈善机构组织和管理，主要为贫困家庭服务。这些日托所一般设置在改装过的旧房子里或者在教堂，或者在社会福利团体的附属建筑物里，每周开放6天，每天12小时。日托所的保育员和保姆主要负责照顾入托婴幼儿的身体健康，包括喂养、洗澡，并且看管他们不许在街上乱跑，也教儿童养成基本的良好习惯，比如爱清洁、守纪律、勤劳等。② 1854年，护士和儿童医院（Nurse's and Children's Hospital）在纽约开设了美国第一家正规的日托所，照顾父母外出工作的婴幼儿，接收的年龄范围是6周至6岁，每天收费50美分，首要任

① Emily D. Cahan, *Past Caring: a History of U. S. Preschool Care and Education for the Poor, 1820-1965* (New York: National Center for Children in Poverty, Columbia University, 1989), p. 14.

② 劳伦斯·A. 克雷明：《美国教育史3：城市化时期的历程（1876—1980）》，朱旭东等译，北京师范大学出版社，2002，第327页。

务是保持幼儿的清洁和个人卫生。①

在纽约、波士顿、费城和克利夫兰的发展带动下，日托所于19世纪80年代和90年代在美国东北部的城市里迅速发展。到1892年，宗教和慈善组织开设了大约90个日托所来照顾贫困母亲的孩子。1898年，在全美范围内运作的175个日托所合并为全国日托所联合会（National Federation of Day Nurseries），致力于确保日托所的质量。从1878年到1916年，美国正规日托所的数量增长迅速，从3所增加到大约700所。② 然而，由于儿童托育的需求很大，这些日托所仍然人满为患。这些日托所照看了大约150万名儿童，其中大约有20万名儿童不满5岁。③ 19世纪末，纽约市有28所正规的日托所，其中大部分与教堂或慈善团体有联系。

尽管日托所的管理经费并不充足，部分日托所也在试图满足儿童的教育、发展、社会化和健康需求，尝试给日托所的孩子提供基于传统幼儿园工作的适度的教育计划。包括希望日托所（Hope Day Nursery）在内的一部分日托所相信，"帮助穷人最大的可能性在于照顾和训练儿童"。在克利夫兰，当地的日托所联合会在其管辖的5个日托所里建立了幼儿园，1914年的时候招收了586名幼儿。该联合会宣

---

① Emily D. Cahan, *Past Caring: a History of U. S. Preschool Care and Education for the Poor, 1820-1965* (New York: National Center for Children in Poverty, Columbia University, 1989), pp. 14-15.

② Emily D. Cahan, *Past Caring: a History of U. S. Preschool Care and Education for the Poor, 1820-1965* (New York: National Center for Children in Poverty, Columbia University, 1989), pp. 13-15.

③ 劳伦斯·A. 克雷明：《美国教育史3：城市化时期的历程（1876—1980）》，朱旭东等译，北京师范大学出版社，2002，第327—328页。

称，如果没有教育成分，日托所的工作是不完整的。[①] 日托所试图帮助移民儿童及其家长融入美国社会，教给儿童美国化的饮食习惯、礼仪和道德观。简·亚当斯在描述赫尔会所附设的日托所时指出，移民儿童“在这里学到的东西，使得他们更适应美国社会”[②]。

除了对幼儿的照顾和简单教育之外，许多日托所也照顾到工薪阶层母亲们的需要，组织各种学习班提高她们的劳动技能，希望她们通过劳动而非慈善改变自己家庭的经济状况。比如日托所和“母亲俱乐部”联合起来，为这些女性组织了每周一次或两周一次的夜校课程，包括缝纫课、烹饪课、卫生健康课、英语课和儿童抚养课，甚至还在厨房或洗衣房里组织烹饪、洗衣等培训课程。等这些女性有了一技之长，日托所就将她们列入工作安排名单帮助她们找工作。比如纽黑文（*New Haven*）的蕾拉日托所（Leila Day Nursery）将寡妇或醉汉的妻子进行培训，然后将她们分配到上流社会或中产阶级的家庭中当清洁工、洗衣工。[③] 此外，部分日托所还围绕贫困家庭和儿童遇到的各种问题做出反应，比如为母亲们提供生病时紧急的夜间照顾和儿童照顾，以及大一些儿童的课后照顾。

（三）日托所存在的问题

日托所虽然极大地减轻了工薪阶层女性的后顾之忧，但有证据证明也存在一定的问题。如有相当一部分日托所由于缺乏经费、员工或者基本的设备和卫生条件，其托育服务水平是较低的。在日托所里，

---

① Emily D. Cahan, *Past Caring: a History of U. S. Preschool Care and Education for the Poor, 1820-1965* (New York: National Center for Children in Poverty, Columbia University, 1989), p. 14.

② Jane Addams, *Twenty Years at Hull House: With Autobiographical Notes* (New York: The Macmillan Company, 1910), p. 169.

③ R. M. Tank, “Young Children, Families, and Society in America Since the 1820s: the Evolution of Health, Education, and Child Care Programs for Preschool Children” (PhD diss., University of Michigan, 1980).

一名保姆负责 30—50 名儿童的烹饪、清洁和清洗工作很常见，保姆必须“做所有的采买、清洗、烹饪等家务”，以及“母亲需要做的任何事情”。[①] 1918 年，儿童局的一名调查员在克利夫兰发现某些日托所的室内环境拥挤不堪、光线昏暗、通风不良，孩子们的食物是自己从家里带来的，吃的时候也没有条件再次加热。还有调查员在芝加哥发现某些慈善性质的日托所过于拥挤，常常不具备保障幼儿基本健康的预防措施；担任保育员的女性“病恹恹的、营养不良，看起来有皮肤病和其他的问题”，而且这些日托所“经常不能为每个孩子提供干净的床品，有时候粗心的保姆不能发现并隔离有传染病的孩子”。[②] 一名曾在纽约市下东区（Lower East Side）光明日托所工作的女性回忆日托所的早期情况时说：“我对光明日托所的第一印象一点儿也不好。建筑物阴森森的……一排排丑陋的铁质婴儿床，上面的广告板上写着捐赠者的名字……几乎没有空间可以玩耍……总的说来，工作人员没有受过训练且缺乏能力，有些工作人员甚至智力迟钝。”光明日托所的幼儿常吃“水一样的蔬菜汤”和“味道寡淡的可可粉”，幼儿的饮食“严重缺乏维生素，橙汁和鱼肝油被认为太奢侈而无法提供，甚至牛奶也是稀缺品……只有体弱的孩子在获得医生处方的情况下，才能定期喝牛奶……其他的日托所虽然细节可能不同，但整体上来说氛围是一样的”。[③]

由于资金匮乏或者保育员的忽视，大部分日托所的工作人员总是试图以严格的规章制度对儿童进行控制，日托所的整体氛围冷漠、单

---

① Emily D. Cahan, *Past Caring : a History of U. S. Preschool Care and Education for the Poor , 1820-1965* (New York: National Center for Children in Poverty, Columbia University, 1989), p. 17.

② Leslie Woodcock Tentler, *Wage-earning Women : Industrial Work and Family Life in the United States , 1900-1930* (New York: Oxford University Press, 1979), p. 162.

③ Ethel S. Beer, *Working Mothers and the Day Nursery* (New York: Whiteside and Morrow, 1957), pp. 43-44.

调。1917年春，海伦·布雷顿（Helen Breton）调查了芝加哥35个慈善性质的日托所的托育服务情况："日托所里的孩子们不快乐、受约束，总是一脸冷漠、无聊、昏昏欲睡的表情。在日托所中，保育员训练孩子们无论何时都能长时间靠着墙安安静静坐成一排，鼓励幼儿盲目听从指令、遵守老套的礼节并进行整齐划一的行动。在这种教育之下，日托所里的孩子们反应迟钝、目中无人，经常与同伴吵架，损坏日托所的东西或者带走。"一些日托所也承认他们无法满足儿童渴求快乐的精神和心灵。此外，在许多慈善性质的日托所里，虽然儿童的安全和基本的卫生可以得到保障，但通常缺少游戏的空间和玩具。在芝加哥某个日托所，一名有经验的慈善工作者指出，"日托所没有给儿童提供可以进行游戏的房间、玩具，以及可以奔跑嬉戏的场所"①。光明日托所的工作者也指出，"通常，年龄大一些的学前组孩子在日托所有几个小时学习的机会，小一点的孩子根本得不到学习的机会。日托所里的玩具经常是有钱人家孩子的弃物，而且一部分玩具还得封存在橱柜里。尽管日托所有不少缺点，但让孩子进日托所远比任凭孩子在街道上流浪要强得多，日托所的招生人数之多证实了幼儿家长和赞助者们的这一观点"②。

相当一部分日托所有着严格的规则和政策，很明显着意于控制和改造移民的家庭生活。这一定程度上使得儿童福利者与部分移民母亲之间逐渐产生了矛盾，一些移民母亲并不愿意将孩子送入附近的慈善日托所，即使这种日托所比私立的家庭儿童看护要便宜得多。一些具有慈善性质的日托所由特定的宗教教派支持和管理，他们在为移民儿

---

① Leslie Woodcock Tentler, *Wage-earning Women: Industrial Work and Family Life in the United States, 1900-1930* (New York: Oxford University Press, 1979), pp. 162-163.

② Ethel S. Beer, *Working Mothers and the Day Nursery* (New York: Whiteside and Morrow, 1957), pp. 43-44.

童提供廉价照料的同时，还具有明显的宗教目的，比如只接收特定宗教信仰的儿童，或者要求母亲来参加宗教仪式等。另外一些日托所虽然没有宗教限制，但有着严格的准入条件，因此工作人员会详细地询问母亲们关于她们家庭的收入情况等较为隐私的问题，这让很多婴幼儿的母亲感到非常不适。然而，很多工作人员却认为这些详细的调查是必要的，他们认为这样才能为幼儿及其家庭提供准确的建议或者帮助。① 比如海伦·布雷顿在写给儿童局主席茱莉亚·莱斯罗普的信中提到，“日托所有着特定的目的，如果儿童的父母亲均身体健康、外出工作，那么这些儿童没有资格进入日托所，对所有申请者还应该用慈善组织协会（Charity Organization Society）的方式来调查一遍”，不合格的家庭可以申请附近每天收费十美分的“小型的商业类日托所”。②

从客观上说，这些日托所提供的照料优于大多数工薪阶层家庭。正如纽约日托所联合会的秘书 1892 年在日托所研讨会上的发言所说，“热爱自己孩子的母亲，没有任何关于健康规律的知识，又不得不住在经济公寓里，除了把她们的孩子送进一所秩序井然的日托所之外没有更好的办法”。③ 从总体上而言，在美国的各大城市中，在工作时间被送到日托所的婴幼儿虽然人数众多，但比例并不大。有数据显示，1910 年代美国只有十分之一到五分之一的儿童在日托所接受照料。④ 1918 年，格温德琳·休斯（Gwendolyn Hughes）曾对费城移民聚居的六个社区进行调查，发现在 308 名 5 岁以下且母亲需要外出工作的儿童中，有 208 名儿童是在自己家中由一名成人照看；28 人是由邻居在白

---

① Robert A. Woods, *The City Wilderness : A Settlement Study* (Boston: Houghton Mifflin, 1898), p. 253.

② Leslie Woodcock Tentler, *Wage-earning Women : Industrial Work and Family Life in the United States , 1900-1930* (New York: Oxford University Press, 1979), p. 164.

③ 劳伦斯·A. 克雷明：《美国教育史 3：城市化时期的历程（1876—1980）》，朱旭东等译，北京师范大学出版社，2002，第 328 页。

④ David I. Macleod, *The Age of the Child* (New York: Twayne, 1998), p. 46.

天抽空跑来照看的。①

为了使母亲，尤其是守寡的母亲留在家里照顾和教育幼儿，20世纪初，美国政府发起“母亲补贴”运动。罗斯福总统在1909年的儿童抚育会议上指出，为了帮助孩子在家里受教育，政府应该对这些母亲进行资助，以维持家庭抚养的必要费用。虽然补贴的金额不足以抚养儿童，并且这项补贴有着非常严格的申请条件和程序，也有许多合格的人没有得到资助，但此举措仍然明显提高了母亲留在家里照看幼儿的数量和比例。1918年以后，“母亲补贴”的迅速扩展不可避免地影响了日托所的发展；再加上公立学校系统逐渐承担起部分照管幼儿的责任，以及20世纪20年代前后保育学校运动在美国广泛开展，日托所不仅在数量方面有所减少，同时在功能方面也出现变化。在公立学校及保育学校的双重影响下，日托所从一个带有收容、照料和一些道德培养内涵的看管机构，逐渐发展成一个拥有更广泛教育和发展目标的儿童学习场所。这一新的趋势更强调通过探索自然、开设艺术课程、讲故事等手段引导儿童的多方面发展，同时加强了家长们对教育活动的兴趣，从一个为方便母亲们而开设的看管机构逐渐发展成一个为儿童利益而开设的教育机构。②

二、免费幼儿园的建立

幼儿园是德国教育家福禄贝尔创立的学前教育机构。为了传承德语和德国文化、推广自由的政治意识形态及尝试传播福禄贝尔的教育

① Gwendolyn Salisbury Hughes, *Mothers in Industry: Wage-earning by Mothers in Philadelphia* (New York: New Republic, Inc., 1925), p. 194.

② 劳伦斯·A.克雷明：《美国教育史3：城市化时期的历程（1876—1980）》，朱旭东等译，北京师范大学出版社，2002，第329—330页。

思想，一批受过良好教育的德国移民将幼儿园引入美国。① 幼儿园在美国的初期发展形势是以服务中产阶级儿童为目标的私立幼儿园，到了19世纪八九十年代，在大量的免费幼儿园协会（Free Kindergarten Association）的组织下，具有慈善性质的免费幼儿园（Free Kindergarten）取代早期的私立幼儿园成为主流，为工薪阶层儿童提供衣服、食物、教育等直接的救济。免费幼儿园在传播福禄贝尔教育思想的同时，还服务于工薪阶层儿童及其母亲的身心健康，应对工业化和城市化带来的一系列问题。

（一）免费幼儿园在美国的发展脉络

自19世纪七八十年代起，人们逐渐认识到让居住于城市的工薪阶层儿童接受幼儿园教育的重要性。他们认为，城市的街头和贫困的家庭对儿童来说并不具备一个良好的生长环境，儿童在贫民区无法获得健康的家庭生活，穷人的孩子是"被忽视的"。这些免费幼儿园常常与社会安置机构有着密切的关系：有的免费幼儿园是社会安置机构的志愿者建立的，有的免费幼儿园在发展的过程中建立了相应的社会安置机构。②

1870年，第一个免费幼儿园开办在纽约的大学点（College Point）的乡村之中；同年，在俄亥俄州的克利夫兰、马萨诸塞州的佛罗伦萨都开设了免费幼儿园。在一些善良、充满母性的年轻女性的带领下，工薪阶层儿童可以远离街道的不良影响并得到照顾，母亲也就可以安心外出工作。1880年到1890年，大批的免费幼儿园得以在教会资助、个人捐赠和社会组织的支持下建立于美国的各个城市；另外还有一百

① Barbara Beatty, *Preschool Education in America : The Culture of Young Children From The Colonial Era to The Present* (New Haven: Yale University Press, 1995), pp. 53-54.

② Michael Steven Sapiro, *Child's Garden : The Kindergarten Movement from Froebel to Dewey* (University Park: Pennsylvania State University Press, 1983), p. 103.

多个免费幼儿园协会出现在美国的各城市中。[①] 在免费幼儿园协会的支持下，美国免费幼儿园的数量剧增：1880 年的时候，全美只有几十所免费幼儿园，大部分出现在大城市里；到 1906 年，仅纽约市就有 18 个免费幼儿园协会，支持了 362 个免费幼儿园。[②]

19 世纪八九十年代，免费幼儿园逐渐从新英格兰地区传播至中西部，随着免费幼儿园的普及，城市中的工薪阶层儿童也开始接受早期教育。[③] 就美国中部而言，1889 年，帕蒂·希尔（Patty Smith Hill）和布莱恩（Anna E. Byran）在路易斯维尔（Louisville）创建了免费幼儿园，希尔提出不同阶层的儿童应该被社会平等地对待，在同一所幼儿园里接受教育。在美国西部，威金于 1878 年在旧金山成立了银街幼儿园（Silver Street Free Kindergarten），这是美国落基山脉以西第一所免费幼儿园。该幼儿园位于贫民区，接收了许多来自不同种族、不同文化背景的儿童。

随着霍尔、布莱恩、希尔、杜威等人的教育理念的影响及威廉·哈里斯的推动，在美国幼儿园教育的实践中，福禄贝尔教育思想的主导地位开始动摇，幼儿园的性质逐渐从面向工薪阶层儿童的慈善机构转变为一种面向社会的公共服务机构，幼儿园被纳入到美国公立学校教育体系。[④]

（二）免费幼儿园的儿童福利教育活动

在促进儿童福利发展的过程中，免费幼儿园一方面为工薪阶层儿

---

① Nina C. Vandewalker, *The Kindergarten in American Education* (New York: The Macmillan Company, 1908), pp. 18-20.

② Kristen D. Nawrotzki, "'Greatly Changed for the Better': Free Kindergartens as Transatlantic Reformance," *History of Education Quarterly* 49, No. 2(2009): 182-195.

③ Barbara Beatty, *Preschool Education in America: The Culture of Young Children From The Colonial Era to The Present* (New Haven: Yale University Press, 1995), p. 92.

④ Barbara Beatty, *Preschool Education in America: The Culture of Young Children From The Colonial Era to The Present* (New Haven: Yale University Press, 1995), p. 100.

童提供照顾和基本的教育，使他们避免了无人照看、在街头乱跑的危险，同时也让他们学会了讲卫生、守纪律，进而养成中产阶级的生活方式；另一方面通过出版书籍、进行家访、开办母亲课堂（mother classes）、演讲宣传、设立培训项目、开办全国性的组织等方式，将中产阶级的价值观和生活方式传递给工薪阶层儿童的家庭。

就第一方面而言，免费幼儿园为工薪阶层儿童提供了基本的生活照顾和教育，并在这一过程中传递了中产阶级的价值观。例如波士顿人口稠密的北端（North End）社区居住着当时美国“最贫穷的”工薪阶层，这里聚居了来自多个国家的移民，大部分是新近从东欧迁入的。这些家长一大早就把自己的孩子赶到街上，让孩子自己照顾自己；家长卖水果、制作风琴、乞讨，从事着城市里底层的工作。为了满足这些儿童的基本安全需求和受教育需求，1870 年代早期，慈善家肖（Pauline Agassiz Shaw）在这里建立了慈善幼儿园，接纳北端社区 22 个月至 5 岁的儿童，对他们进行智力和道德的训练。教师们把这些“受忽视的流浪儿”带到“像家一样的幼儿园里”，每天早上给他们洗脸、清理衣服，让他们吃面包、喝牛奶。在肖的幼儿园里充满着“温暖的、愉快的”氛围，墙上挂着色彩明亮的图画，黑板上绘制了蜡笔画和儿童歌曲的音符、歌词，各式各样的儿童玩具都放在幼儿触手可及的地方。儿童在幼儿园里唱歌、散步，了解基本的常识，谈论常见的事物，得到基本的教育。①

再例如威金的银街幼儿园位于旧金山的一个以爱尔兰移民为主的贫民区附近，1883 年时，该幼儿园大约有 80 个孩子；到 1900 年之前，该幼儿园的儿童数量已经增长到了数百人。这些孩子在幼儿园里做着福禄贝尔式的作业、纸工、豆工，唱歌，唱赞美诗，玩游戏，排队行

---

① Marvin Lazerson,“Urban Reform and the Schools:Kindergartens in Massachusetts, 1870-1915,”*History of Education Quarterly* 11, No. 2(1971):115-142.

进，听幼儿园教师讲故事。教师们还教他们符合中产阶级价值观的家务管理、个人卫生习惯，教他们餐桌礼仪、清洁教室、照顾植物和动物等。[①] 工薪阶层儿童进入幼儿园后，其变化是多方面的。首先是外表变得干净。这些孩子起初总是穿着不合适、不干净的衣服到幼儿园。威金在其撰写的《佩西的故事》（*Story of Patsy*）中，以第一人称讲述了凯特小姐（即威金自己）如何将一名智力发育迟缓的9岁男孩佩西从他粗心大意的家庭及贫民区的环境中拯救出来的故事。在威金的描写中，幼儿园里的儿童（包括佩西本人）都衣衫褴褛，穿着"脏兮兮的衬衫""裂开口子的外套"和戴着"破旧的帽子"。凯特小姐送给佩西捐赠的衣服，说他后来"虽然并不完美，但看起来好多了，我们给了他整洁的外套和裤子，他的头发短短的而且光滑，大黑眼睛闪着光"[②]。其次是语音、发音的改变。这些儿童说着贫民区的语言及各种方言，和中产阶级认可的英语发音差异较大。幼儿园教师试图改变这些孩子的语言和发音，不允许儿童说脏话，使其符合中产阶级的标准语言用法。最后是儿童行为的改变，这也是免费幼儿园教育工作的核心。威金指出，这些儿童由于生活困窘，从小就要"面对生活中的痛苦、疲倦"，他们"筋疲力尽、面色灰白，容易因为琐事而恼怒，他们的快乐与那些富裕家庭中眼睛明亮、脸颊红红的孩子的快乐是不同的"[③]。有些营养不良、衣不蔽体的幼儿甚至"喜欢玩喝醉的游戏"[④]。经过一段时间的适应，银街幼儿园的孩子们学会了表演改写的舞台剧

---

① Kristen D. Nawrotzki, "'Greatly Changed for the Better': Free Kindergartens as Transatlantic Reformance," *History of Education Quarterly* 49, No. 2(2009): 182-195.

② Kate Douglas Smith Wiggin, *The Story of Pasty*(Boston and New York: Houghton Mifflin Company, 1889), pp. 1-3, 51.

③ Kate Douglas Smith Wiggin, *The Story of Pasty*(Boston and New York: Houghton Mifflin Company, 1889), p. 33.

④ Lileen Hardy, *The Diary of a Free Kindergarten*(Boston and New York: Houghton Mifflin, 1913), p. 25.

《蝴蝶》，“扮演小虫的幼儿逼真地蠕动进茧，然后装作睡着；安静了片刻之后，扮演蝴蝶的幼儿从茧里飞出围着圆圈飞舞，然后装作从扮演花朵的幼儿那里吸取花蜜”①。在银街幼儿园生活 6 周之后，这些工薪阶层幼儿的语言能力提高了，变得有礼貌了，语音和行为都变得更符合中产阶级的标准。当教育委员会的董事们参观银街幼儿园的时候，他们对幼儿整洁的外表感到惊讶，其中一名董事甚至怀疑这些孩子是不是来自以中产阶级为主的诺布山（Nob Hill）社区。②

除了对儿童直接的救助和教育，免费幼儿园还设置了家长会和母亲课堂，对已入园儿童和将要入园儿童的家长进行持续的、系统的家访，鼓励家长更多地参与到育儿活动中。教师向家长们解释幼儿园的教育方法，告诉家长应该怎样照顾儿童，也希望借此将中产阶级的卫生观、经济观传递给她们。教师相信，儿童在幼儿园里养成的习惯会影响其家庭。通过教育儿童，幼儿园能够将中产阶级的观念融入儿童的成长及其家庭生活；通过教育儿童，工薪阶层家长也能够习得中产阶级的习俗。母亲课堂的参与对象一开始主要是工薪阶层母亲，后来，社会中上层的母亲们也逐渐被包括在内。一些免费幼儿园协会和其他社会救助机构合并成为社会服务所，最著名的就是芝加哥的赫尔会所。因此对于社会改革者来说，免费幼儿园不仅仅是教育机构，更是社会安置机构，它不仅能够促进儿童的发展，还能够改变移民家庭的生活和观念。

---

① Kate Douglas Smith Wiggin, *The Story of Pasty* (Boston and New York: Houghton Mifflin Company, 1889), pp. 48-49.

② Kate Douglas Smith Wiggin, *My Garden of Memory: an Autobiography* (Boston and New York: Houghton Mifflin Company, 1923), p. 119.

第二节 儿童的全面发展与校内外教育活动

1880—1920 年，教育改革者为儿童设立了诸多安全且具有教育意义的校内外活动场所，其中主要包括游戏场、学校花园、假期学校等。这些教育场所的设立目标虽然侧重不同，但其宗旨都在于促进儿童，尤其是以新移民为主体的城市工薪阶层儿童的全面发展。

一、游戏场运动与教育

游戏场运动（Playground Movement）在进步主义时代的美国曾引起极为广泛的影响。这场运动是探索和实验儿童游戏的先驱，向整个社会强调儿童游戏的重要性，希望政府能够对儿童游戏负责任。在相关组织者的努力下，公共政策制定者逐渐关心儿童游戏，认识到游戏是文化传播的重要媒介之一，对于促进儿童身心健康和道德发展有重要的社会教育意义和政治意义。

（一）设立游戏场的原因

在 19 世纪末 20 世纪初的美国，游戏场的出现与两个因素密切相关，其一是城市贫民区儿童缺乏安全的游戏环境，其二是教育改革者意识到给儿童提供安全且富有教育意义的游戏场所势在必行。

这一时期美国城市贫民区生活条件恶劣，处处充满贫穷、犯罪和不安全的因素，在这里生活的儿童处境更为窘迫。随着人口的膨胀，城市土地变得越来越昂贵，贫民区的居住环境异常拥挤。在狭小的公寓里，儿童不仅没有自己的房间，甚至没有独立的床。儿童之所以去街道上玩耍，最主要的原因是除此之外他们无处可去。在曼哈顿一处贫民区长大的记者凯瑟琳·布罗迪（Catharine Brody）在 1928 年为《美国水星》（*The American Mercury*）杂志撰写的一篇文章中回忆幼年生活说，“在房子里没有聚会或玩耍这类事情”，“街道才是城市里那些小意大利人、小爱尔兰人和小犹太人的真实家园”，贫民区的大街小巷、门口窗边，到处都是玩耍的儿童。[①] 美国小说家亨利·詹姆斯（Henry James）曾描写了他造访纽约下东区时见到的惊人景象：“一大群孩子蜂拥而来，越来越多、无休无止。”[②] 纽约社会安置工作者罗伯特·伍兹（Robert A. Woods）描绘说，“在一个偏僻的小巷里，你有时候会看到一百多个正在玩耍的儿童”。[③] 随着沥青铺路技术的出现及街道照明的普及，儿童街头游戏在1890—1910年发展到高峰。学龄儿童是街头游戏的主力，不少学龄前幼儿也夹杂其中，就连蹒跚学步的婴儿也在其哥哥姐姐的照看下出现在街头。[④]

在街道上，这些儿童玩着各种各样本来无可厚非的游戏，诸如踢球、玩石子、打水枪等，但街道并不是一个适宜儿童游戏的场所。一方面，这里车水马龙、空气污浊，严重威胁着儿童的安全与健康。有资料记载了儿童因街头游戏出车祸的例子：哈利·罗斯科伦科（Harry Roskolenko）的姐姐“15岁时在街边被一辆卡车撞死”[⑤]。迈克·戈尔德（Mike Gold）的朋友乔伊·科恩（Joey Cohen）被一辆有轨马车撞倒，“他偷偷搭了一段顺风车，从车上跳下的时候摔倒在车轮下。周围的人都看到了他，听到他最后一声痛苦的尖叫。马车扬长而去，人们

---

① Catharine Brody, “A New York Childhood,” *The American Mercury* 14, No. 53 (1928): 62.

② Henry James, *The American Scene* (New York: Harper, 1907), pp. 131-134.

③ Robert A. Woods, *The City Wilderness: A Settlement Study* (Boston: Houghton Mifflin, 1898), p. 235.

④ David I. Macleod, *The Age of the Child* (New York: Twayne, 1998), p. 65.

⑤ Harry Roskolenko, *The Time that was Then: The Lower East Side, 1900-1914, an Intimate Chronicle* (New York: Dial Press, 1971), p. 24.

冲到近前，抱起他的遗体”①。也有资料描述了街头存在巨大的环境卫生问题：街道在“酷热的阳光下像火炉一样”；而且“交通堵塞、存在巨大的卫生问题，吹起的风卷着沙尘跑进了孩子们的眼睛和肺里”。② 另一方面，街上聚集着三教九流，形形色色的人和事每天都在儿童周围出现，不利于儿童良好道德品质的形成。在街头恃强凌弱的文化和各种不良习气的影响下，儿童逐渐滋生出打架、偷窃、逃学、滋事、赌博等不良行为，影响了他们的道德发展和对社会规则的认知。③

儿童的街头游戏加剧了贫民区乃至整个城市的混乱。例如当时的纽约市被称为“流浪者之城”，其人口中有40％的人属于移民，有78％的人在国外出生或有外国血统。纽约市制定法律将儿童的街头游戏认定为犯罪，一些对当时的成人而言并不属于犯罪的行为，诸如乞讨、点篝火、打架、赌博等，到了儿童这里就成了被抓捕的理由。1910—1913年，纽约市每年因为街头游戏抓捕约12 000名儿童；在1913年纽约警察提供的对中西区（Middle West Side）爱尔兰聚居地和德国聚居地的儿童抓捕记录中，有超过50％的抓捕原因都是街头游戏，而非他们真的犯罪。然而把街头游戏认定为犯罪的行为似乎并没有达到人们预期的效果：儿童不但没有停止街头游戏，反而集结成小团伙以提防被警察抓捕。这些小团伙的破坏和犯罪行为愈演愈烈，甚至导致其成员在打群架、团伙盗窃等活动中致残或者丧生。④ 纽约并非唯一将儿童

---

① Michael Gold, *Jews Without Money* (New York: Carroll & Graf Publishers, 1930), p. 31.

② Henry Curtis, "Vacation Schools, Playgrounds, and Settlements," in *Report of the Commissioner of Education for the Year 1903*, Vol. 1, ed. The United States Bureau of Education (Washington, D. C.: Government Printing Office, 1905), pp. 1-38.

③ Dominick Cavallo, *Muscles and Morals: Organized Playgrounds and Urban Reform, 1880-1920* (Philadelphia: University of Pennsylvania Press, 1981), p. 25.

④ John Collier and Edward M. Barrows, *The City Where Crime Is Play* (New York: The People's Institute, 1914), pp. 14-18.

街头游戏认定为犯罪的城市，儿童街头游戏已严重影响了美国东北部和中部城市的治安环境。

包括社会安置工作者、教育家在内的游戏组织者逐渐意识到，游戏的作用是不可忽视的，它对儿童而言不仅仅是一种娱乐手段，还包含着锻炼身体、培养道德的社会教育意义。因此人们不能对儿童游戏放任自流。一方面，儿童通过游戏可以锻炼身体，它能让儿童“进行最大限度的身体运动，同时感受到最小限度的疲劳”；另一方面，儿童在游戏中通过潜移默化习得许多重要道德品质的基本概念，诸如公平、合作、正义、诚实、荣誉感，这些都是形成健全人格的基础。① 然而，城市中儿童的生活已经变得非常“不自然”，儿童之所以游荡于街头，是因为“我们的城市根本没有为儿童提供合适的娱乐场所，也没有努力为他们保持自然的活动环境”②。除此之外，游戏组织者还认为与儿童在学校和课堂中习得的经验相比，儿童在街头获得的经验更容易内化；在街头游戏的过程中，儿童逐渐熟悉了最真实的城市生活，比在学校中获得的教育更为根深蒂固。菲利普·戴维斯（Philip Davis）在以波士顿儿童为例进行的研究中指出，“学校教育在儿童的头脑中留下的印象常常是非常表面化的，在遇到大事或压力的时候就会很轻易地被曲解；而街头获得的教育则深深植根于儿童的思想观念里”③。对于戴维斯的观点，罗伯特·A. 伍兹完全同意，他说：“街头教育对儿童的

① Luther Halsey Gulick, *A Philosophy of Play* (New York: C. Scribner's Sons, 1920), pp. 157, 189-190.

② Henry Curtis, "Vacation Schools, Playgrounds, and Settlements," in *Report of the Commissioner of Education for the Year 1903*, Vol. 1, ed. The United States Bureau of Education (Washington, D. C.: Government Printing Office, 1905), pp. 1-38.

③ Philip Davis, *Street-land: Its Little People and Big Problems* (Boston: Small, Maynard & Company, 1915), p. 28.

影响是非常精准的，而学校教育则做不到这一点。”①

（二）游戏场的初期发展

为了给工薪阶层儿童提供一个安全且能够远离街头道德危险的活动环境，游戏组织者不断向市政部门、慈善机构和教会组织进行游说，期盼这些机构能够为游戏场的建设提供资金支持。由于多方人士都意识到“儿童问题”的严重性，游戏组织者的努力得到了积极的响应。在借鉴 19 世纪早期德国兴建户外运动场的经验基础上，美国的户外游戏场开始在东北部和中部的大城市里出现。1886 年，波士顿教堂外面的院子里出现了最早的“沙园”（Sand Garden）供 12 岁以下的儿童进行活动。这些沙园结构简单，只是在一个木质围栏里放上一堆或几堆黄沙，没有附加跷跷板、秋千等游戏设施。儿童在沙园里进行游戏时没有专人指导，偶尔有居住在附近的妇女志愿者帮忙照看。沙园是季节性开放的，只在每年的七八月份开放 6 个星期，每个星期中开放 3 天，每天 3 个小时。这类设施投入使用之后受到了儿童的热烈欢迎，到 1889 年，马萨诸塞州的沙园数量增加到 11 个，在开放时间平均每天接待 1000 名儿童。这些新增加的沙园分布在学校、公园、教堂等处的阴凉角落里，而且后来逐渐配备了积木、挖掘器材和指导者。② 这些设施都仅供城市中尚未进入青春期的儿童使用，目的是使他们远离在街上游荡而受到身体危险和道德危险。③ 截至 1905 年，全美东北部和中部的 24 个城市共运营了 160 个类型多样的游戏场，其中包括 87 个由私人或慈善机构捐助的游戏场、73 个公园或归属于市政部门的游戏场。这

---

① Robert A. Woods, *The City Wilderness : A Settlement Study* (Boston: Houghton Mifflin, 1898), p. 235.

② Clarence Elmer Rainwater, *The Play Movement in the United States : a Study of Community Recreation* (Chicago: University of Chicago Press, 1922), pp. 23-25, 46-47.

③ K. Koch, "Folk and Child Play: Report of the Central Committee on Folk and Child Play in Germany," *American Physical Education Review* 13, No. 6, (1908): 325-334.

些游戏场大部分只在夏季开放，并且将 12 岁以上的儿童排除在使用者范围之外。①

（三）全美游戏场协会的成立与游戏场的变革

全美游戏场协会的成立促进了游戏场运动的进一步发展及游戏活动的变革。亨利·柯蒂斯（Henry Curtis）曾在霍尔的指导下于 1898 年在克拉克大学获得儿童心理学的博士学位，工作后被任命为纽约市游戏场系统的主管，他首先提出建立一个全国统一的游戏场协会的构想。面对游戏场运动发展中的制约因素，柯蒂斯与不少游戏组织者一样，认为问题的症结在于以公共资金为基础的游戏场运动缺乏一个资金充足、全国统一的组织予以支持。1902 年，柯蒂斯在研究了英国和德国的休闲管理之后认为，强调个人主义的德国式体育会引起人们的反感，民主化的团体游戏应成为游戏场运动关注的焦点。② 纽约公立学校体育计划的主管路德·固利克（Luther H. Gulick,Jr）则认为，制约这场运动发展的根本原因是缺乏系统性的理论来强调游戏在儿童道德和体质发展过程中的作用。③ 固利克曾担任过青年男子基督教协会（Young Men's Christian Association）体育馆的指导人员，他在体育方面青睐团体运动，主张从强调个体锻炼的德国体育运动模式发展为具有社会属性的、强调休闲运动的体育锻炼模式。固利克和霍尔是亲密的朋友，他们经常在一起讨论学术问题，霍尔的理论对固利克有着深远的影响。在霍尔的理论影响下，固利克明确地将道德与团体运动参

① Everett B. Mero, *American Playgrounds : Their Construction , Equipment , Maintenance and Utility*(Boston:Baker & Taylor,1909),pp. 20-24.

② Joe L. Frost, *A History of Children's Play and Play Environments : Toward A Contemporary Child-Saving Movement*(New York:Routledge,2010),p. 103.

③ Dominick Cavallo, *Muscles and Morals : Organized Playgrounds and Urban Reform , 1880-1920*(Philadelphia:University of Pennsylvania Press,1981),p. 35.

与者获得的技能、适应现代社会所必需的态度和能力连接起来。[①] 在固利克看来，一个全国性的组织能够提升和实施自己关于体育训练和道德之间关系的理论，因此他接受了柯蒂斯的邀请，与他一起创办全国性的游戏组织。固利克和柯蒂斯还邀请对儿童游戏感兴趣的其他改革者参与进来，这些人大多是社会安置运动的促进者，其中主要包括简·亚当斯、莉莲·沃德、格雷厄姆·泰勒（Graham Taylor）、玛丽·麦克道尔（Mary McDowell）和雅各布·里斯（Jacob Riis）。

在纽约市的拉塞尔·塞奇基金会（Russell Sage Foundation of New York City）的支持下，1906 年春，全美游戏场协会（Playground Association of America，简称为 PAA）在华盛顿成立，固利克任首任主席，柯蒂斯任首任秘书，亚当斯任副主席，会刊《游戏场》（*The Playground*）正式创刊。PAA 的成立受到了当时美国政府的支持，1906 年，罗斯福（Theodore Roosevelt）总统在一次公开举办于白宫的典礼上对 PAA 予以许可，并于次年担任该协会的名誉主席。该协会强调了游戏的重要意义：游戏不只是防止儿童在街头游荡的手段，还具有教育价值。组织儿童和青少年进行游戏亦是城市改革运动的一部分，是与贫困、恶习和政治腐败进行斗争的一种必要的手段。PAA 的成立目标不仅是为了保护工薪阶层儿童有权利进行游戏，而且是为了使游戏场成为一种公共的安置场所，成为各外来族群融入美国的“熔炉”，使得“犹太人、希腊人、意大利人和斯拉夫人”通过游戏发展出必要的信任和关爱。[②]

从霍尔等人的理论出发，游戏组织者极为看重团体游戏的价值，他们认为团体游戏更能促进游戏者道德品质的发展，培养儿童的“团

---

① Ethel Josephine Dorgan, *Luther Halsey Gulick , 1865-1918* (New York: Teachers College, Columbia University, 1934), pp. 6, 43, 105-106.

② Henry Curtis, *The Practical Conduct of Play* (New York: The Macmillan Company, 1915), pp. 129-130.

队精神”及“对一个群体的忠诚”。与此同时，他们认为儿童和青少年在游戏场上的活动需要在游戏指导者的监督下进行。虽然说儿童在无监督的游戏场上感觉更为舒适，但游戏组织者能够指导儿童恰当使用游戏器材，以免发生危险或者损坏器材，同时还能有效控制年长儿童在游戏场上对年幼儿童的欺凌。因此，他们认为“游戏指导者就是游戏促进者”。① 在这种思路下，游戏场上的活动根据参与者的年龄分组，游戏场内不仅包括原来常见的为低龄儿童提供的沙堆、秋千、积木等设施，还开辟了更多的场地供青少年进行篮球、棒球、手球、拔河、跳高、接力赛等团体游戏，并配有专门的游戏指导者对儿童的活动进行组织、监督和管理。

PAA 的成立推动了美国游戏场数量的快速增加：PAA 成立一年之后，在全美进行过数据统计的 24 个城市中，各类游戏场总量比 1905 年增加了 54%；其中，由私人或慈善机构资助的游戏场数量达到 169 个，比 1905 年增加了 94%；公园和市政管理的游戏场数量达到 108 个，比 1905 年增加了 48%。② 1908 年，在拥有游戏场的 200 个城市中，有三分之二的城市额外使用公共经费支持游戏设施。1910—1920 年，有组织的游戏场发展更快：1911 年，在全美 257 个掌握数据的城市里共有 1543 个有组织的游戏场，其中 83 个由私人资金支持，88 个由公共资金支持，86 个由私人资金和公共资金共同支持；到了 1917 年，全美 481 个城市共开设了 3940 个游戏场，其中 253 个城市拥有以公共资金支持的游戏场，游戏设施的费用及游戏指导者的工资共计 650 万美元。这些只是官方统计的数据，大量游戏场由于多种原因未被统计在内，当时美国实际存在的游戏场数量很可能达到统计数据的两倍以上。在游戏

① Luther Halsey Gulick, *A Philosophy of Play* (New York: C. Scribner's Sons, 1920), pp. 190-191, 230-234.

② Everett B. Mero, *American Playgrounds: Their Construction, Equipment, Maintenance and Utility* (Boston: Baker & Taylor, 1909), pp. 20-24.

场数量不断增多的同时，PAA 也不断发展壮大。

（四）游戏场的调整

从表面上来看，游戏场运动的开展似乎取得了巨大的成功，但就其实际效果而言则相对有限，这场运动的开展也始终没有从根本上改变美国城市中严峻的“儿童问题”。

首先，就全美而言游戏场运动的开展范围有限，主要集中在东北部和中部的工业化城市，比如纽约、波士顿、芝加哥等。虽然这一运动在美国西海岸和中西部也获得了支持，但发展势头明显比不上东北部地区，游戏场运动的中心一直都在“波士顿—纽约—芝加哥”这样一条中轴线上。在 1899—1909 年美国城市为游戏设施投入的 5500 万美元中，有将近 3500 万美元投给了这 3 个城市。而对于美国南部而言，游戏场运动几乎是不存在的。因为与工业化程度较高的东北部相比，南部拥有的大城市数量少，移民数量也少。①

其次，即使是在东北部和中部的城市里，游戏组织者在吸引儿童前往游戏场和课后活动中心的过程中也遇到了困难，比如到游戏场玩耍的工薪阶层儿童，尤其是移民儿童只占了很小的比例。有研究者分别于 1913 年、1914 年和 1920 年调查了纽约、密尔沃基、克利夫兰 3 市的儿童游戏情况：与有组织的游戏场、课后活动中心比起来，儿童更喜欢在街头游戏。在密尔沃基，能够步行到达游戏场的儿童只占总人数的 20%，但只有少于 4%的儿童使用游戏场；克利夫兰与密尔沃基的数据相差无几，只有 4%的学龄儿童在城市中和学校里的游戏场玩耍；在纽约，95%的儿童仍然在街头玩耍。② 大部分儿童虽然很清楚在街头游戏可能产生危险，但他们仍然认为街头才是属于他们的地盘。

---

① Dominick Cavallo, *Muscles and Morals : Organized Playgrounds and Urban Reform , 1880-1920* (Philadelphia: University of Pennsylvania Press, 1981), p. 46.

② David Nasaw, *Children of the City , At Work and At Play* (New York: Anchor Books, 1985), p. 47.

仅就移民儿童而言，经常去有组织的游戏场、并成为固定团体成员的比例大致在 10%—20%。[①] 罗伊·罗森茨威格（Roy Rosenzweig）采访了马萨诸塞州伍斯特市（Worcester）经常去游戏场的儿童，发现他们有 82%居住在距离游戏场 0.25 英里[②]的范围之内，大多数儿童只在离他们的家足够近的、属于自己"领地"的游戏场上玩耍。[③] 1910 年，一份来自芝加哥的报告指出，6 岁以下儿童经常去的游戏场离家的距离不会超过两个街区；而 9 岁或 10 岁儿童光顾的游戏场和住处的距离不超过 0.25 英里；再大一些的儿童也不会经常去半英里之外的游戏场玩耍。[④] 即使儿童愿意走远一些，他们的母亲也不一定同意。与前往游戏场相比，母亲们更希望孩子们在自家楼下的街上玩耍，虽然存在安全隐患，但是母亲们能从楼上的窗户随时看到他们。

儿童对有组织的游戏场兴趣不足是有原因的。从根本上来说，游戏组织者的最终目的并非单纯地让儿童通过游戏获得快乐，而是教他们如何"合适地"游戏，在遵守指令和预设规则的情况下进行自我控制，进而培养儿童的集体荣誉感。[⑤] 无论游戏场和活动中心里设置多少花样迭出、令人兴奋的活动与游戏，孩子们只将一小部分闲暇时间花在游戏场上。孩子们虽然喜欢使用游戏场里提供的各种器械，却不喜欢与之相伴而来的成人监督。他们对成人试图教他们怎样游戏表示不

---

① Henry Curtis, *The Play Movement and its Significance* (New York: The Macmillan Company, 1917), p. 31.

② 1 英里=1.609 344 公里。

③ Roy Rosenzweig, *Eight Hours for What We Will: Workers and Leisure in an Industrial City, 1870-1920* (Cambridge: Cambridge University Press, 1983), pp. 150-151.

④ Henry S. Curtis, "Public Provision and Responsibility for Play Grounds," *The Annals of the American Academy of Political and Social Science* 35, No. 2(1910): 118-128.

⑤ David I. Macleod, *Building Character in the American Boy: The Boy Scouts, YMCA, and Their Forerunners, 1870-1920* (Madison: University of Wisconsin Press, 1983), pp. 66-71.

屑。很多孩子说，他们要么根本不理睬游戏指导者，要么压根就不去游戏场。伍斯特市一名 11 岁的儿童说："我现在不去游戏场了。那里有好多大人，总是告诉你要怎样做，这让我很不舒服。"[①] 除此之外，不少移民家长对游戏场颇有偏见。他们将游戏等同于无所事事，认为游戏组织者是以居高临下的高傲姿态在帮助他们。他们希望儿童在放学后、周末、暑假等时间待在家里参加劳动或者学习。

不少游戏组织者认识到游戏场运动的困境。早在 1910 年，固利克就感叹游戏场永远无法满足城市所有儿童的需求。尽管有组织的游戏场数量显著增多，柯蒂斯在 1917 年指出，有组织的游戏场"不足以实现游戏场运动的理想"[②]。为使游戏场运动走出困境，PAA 试图扩展其工作领域，于 1911 年更名为"美国游戏休闲协会"（Playground and Recreation Association of America，简称为 PRAA）；一些游戏组织者也试图通过促进室内休闲活动和室外游戏活动的结合来增进其影响。PAA 更名之后，人们主要使用公园和学校里的社交中心为儿童和青少年提供全年的、室内外兼具的活动场所。不少游戏场还增加了诸如跳舞、聚会、组建俱乐部等社交类活动；诸如讲故事、戏剧表演、合唱、器乐演奏等艺术类活动；诸如时评、健康展览、选举投票等公民活动。[③] 除此之外，一些游戏场还经常组织儿童为各种节日盛会和典礼排练节目，并组织编织、烹饪、木工等活动。

尽管如此，儿童参与率低和缺乏资金仍然是游戏场运动面临的两大难题。为了解决这些难题，游戏组织者将目光投向公立学校，在强

---

① Roy Rosenzweig, *Eight Hours for What We Will: Workers and Leisure in an Industrial City, 1870-1920* (Cambridge: Cambridge University Press, 1983), pp. 150-151.

② Henry Curtis, *The Play Movement and its Significance* (New York: The Macmillan Company, 1917), p. 31.

③ Clarence Elmer Rainwater, *The Play Movement in the United States: A Study of Community Recreation* (Chicago: University of Chicago Press, 1922), p. 91.

迫入学法案和公立学校经费投入不断增长的双重保障下，他们相信“解决游戏问题的唯一途径”是通过体育课程和课外活动将游戏场运动的开展融入学校课程中。[①] 因此，公立学校变成了1920年之后有组织的游戏的重点开展场所，儿童游戏的方式变得更加多样化。此外，随着美国参加第一次世界大战，PRAA将其大部分资金和精力都转移至与战争相关的活动当中。至此，人们越来越多地关注公立学校，制度化的游戏场运动逐渐淡出人们的视野。

二、假期学校里的活动与教育

假期学校是进步主义时代美国一种基于城市生活的特殊需要和学校的长假期而产生的特殊教育形式，是一种建设性的教育措施，目标是让工薪阶层儿童在暑假期间远离街头闲逛和远离不良少年团伙的负面影响，帮助工薪阶层家庭解决后顾之忧。假期学校与假期游乐场具有类似的性质。大部分长期开办的假期学校由慈善机构开设，公立学校也渐渐在假期时段设立假期学校。

（一）假期学校的发展脉络与影响

美国城市中大多数的工薪阶层儿童生活在“附近没有公园，住房狭小，街上又热又脏”的环境里。[②] 在漫长的暑假，城市中的“儿童问题”集中表现了出来。不少关心教育问题的组织和个人对此问题表示关注，例如纽约市改善贫困协会（The Association for Improving the Condition of the Poor，简称为AICP）在1894年的年度报告中重点谈到了纽约市暑假期间存在严峻的“儿童问题”：一些儿童在街头无所事

---

① Henry Curtis, *Education Through Play* (New York: The Macmillan Company, 1915), p. 185.

② William J. Reese, *Power and the Promise of School Reform* (New York: Teachers College, Columbia University, 2002), p. 135.

事，这不利于儿童的道德发展。为了解决这一问题，不少慈善组织于暑假期间，在教堂的旧房子或公立学校的校舍中开办假期学校。

早期的假期学校几乎都设立在移民密集的城市贫民区。有据可查的美国第一所假期学校 1866 年夏天成立于波士顿，由第一教堂建立。① 该机构属于私立性质，与公立学校系统没有关联。有志愿者组织于 1868—1878 年在罗得岛的普罗维登斯开办了假期学校，将办学场所设在城市学校的校舍里。随着各个城市中的假期学校逐渐增多，各地的教育委员会慢慢接纳了假期学校，如 1885 年新泽西州的纽瓦克市第一个将假期学校纳入公立学校系统。② 其他城市的教育委员会接纳假期学校的进程大同小异，纽约和克利夫兰分别于 1897 年和 1903 年将主要由慈善机构运作的假期学校纳入公立学校系统。公立学校系统最开始对假期学校的支持仅仅是允许其使用校舍，后来逐渐开始为假期学校提供资金，由公共财政为假期学校提供支持。有些州甚至通过法律，允许州内的城市将假期学校作为城市公立学校系统的一部分。例如洛杉矶、孟菲斯（Memphis）、奥马哈（Omaha）等城市的公共教育机构直接承担起开办假期学校的责任。③ 阿黛尔·玛丽·肖（Adele Marie Shaw）在 1904 年发表的文章中指出，“假期学校已经成为我们公立学校体系的重要组成部分”④。进入假期学校的儿童人数众多，仅纽约市

① Paul Monroe, *A Cyclopedia of Education*, Vol. 5 (New York: Macmilian, 1913), p. 701.

② Paul Monroe, *A Cyclopedia of Education*, Vol. 5 (New York: Macmilian, 1913), p. 701.

③ Kenneth M. Gold, *School's In: the History of Summer Education and American Public Schools* (New York: P. Lang, 2002), p. 156.

④ William J. Reese, *Power and the Promise of School Reform* (New York: Teachers College, Columbia University, 2002), p. 133.

就超过了 9000 名。[①] 随着假期学校的机构管理和人员选拔进一步走向规范化，为工薪阶层儿童开办假期学校的想法得到了越来越多人的支持，假期学校甚至出现了供不应求的局面。[②]

假期学校的成功再次引起了人们对进一步扩大公共教育的关注，促使人们进一步推进教育改革，比如开设夜校、设立假期游戏场、举办公开讲座等。由于缺乏足够的资金支持，假期学校在美国的发展势头始终比不过游戏场。就假期学校的意义而言，一方面，假期学校的开设实现了最初的目标，使众多工薪阶层儿童避免了暑假期间在街头游荡，远离了不良环境的影响。另一方面，作为进步主义时代诸多教育实验的实践场所，假期学校集合了当时美国社会的主流教育观念，成为进步主义时代美国教育改革的一个缩影。如诸多教育实验在假期学校获得了成功，继而对公立学校的教学产生影响；假期学校中的许多标志性课程，比如手工训练、绘画、短途旅行等逐渐走入公立学校。威斯康星大学教育史研究者威廉·里斯（William J. Reese）认为，事实上，假期学校是美国公立学校的“教学试验站”，进步主义时代美国公立学校中许多新颖的教学内容的出现，在很大程度上应归功于假期学校中的教育实践。[③]

（二）假期学校的课程设置

假期学校通常开放 6 周，最开始的目标仅仅是在暑假期间让那些在街头乱跑的孩子走进学校，为他们提供一些有趣的活动。后来，为吸引更多儿童参与，假期学校为所有儿童提供积极的、富有建设性的活

---

① Clarence Arthur Perry, *Wider Use of the School Plant* (New York: Charities Publication Committee, 1910), p. 120.

② Caroline M. Hill, "The Extension of the Vacation School Idea," *The Elementary School Teacher* 5, No. 5(1905): 298-301.

③ William J. Reese, *Power and the Promise of School Reform* (New York: Teachers College, Columbia University, 2002), pp. 135, 143.

动，不设教材，强调“做中学”，并且尝试延长开放时间。随着假期学校被普遍接受，手工训练、自然研究、园艺和农业、讲故事、音乐、当地历史和地理、缝纫、烹饪、英语学习、短途旅行等成为假期学校的主要课程。还有一些城市利用假期学校讲授或展示如何照顾伤病员、喂养婴儿，天气炎热时如何进行恰当的饮食、穿衣及清洁等生活常识。部分城市还为成绩落后或有智力缺陷的孩子，特别是那些留级的孩子定期补课。假期学校的课程设置深受进步主义教育实验的影响，因此获得了“教育试验站”（pedagogic experiment stations）的美称。随着假期学校逐步被纳入公共教育体系，其课程设置开始逐渐出现变化，从最开始设置较多具有娱乐性质的项目，到逐渐加大学术课程的比例。[①] 假期学校中娱乐性质较强的实践活动逐渐与社会安置机构、慈善机构的活动相联系。例如纽约市有许多社会安置机构把假期学校中的娱乐性较强的夏季项目给保留了下来，还对短途旅行、宿营、农场参观等活动进行资助。[②] 在假期学校的传统课程中，手工训练、短途旅行和本土文化课程具有独特的意义和作用。

手工训练是假期学校中最常见的课程，其中主要包括制篮、缝纫、木工、烹饪、服装制作等。一方面，手工训练激发了儿童的学习兴趣，使他们在假期学校里能够自觉保持较好的纪律和较高的学习热情。例如有研究者这样描述假期学校中的场景，“走进一间教室，我们看到一群男孩拿着锤子、凿子和线锯，在工作台前忙着制作钥匙架、扫帚架等。当我们进来时，他们中的许多人甚至连头都没有抬”；在纽约市的东区假期学校（East Side School），一群女孩忙着“制作裙子和帽子”，甚至忘记了“大声地说笑”，当教师对她们进行指导、帮她们解决困难

---

① Kenneth Mark Gold,“‘Mitigating Mental and Moral Stagnation’: Summer Education and American Public Schools, 1840-1990”(PhD diss., University of Michigan, 1997).

② Kenneth M. Gold, *School's In: the History of Summer Education and American Public Schools* (New York: P. Lang, 2002), p. 156.

时，她们都“聚精会神地聆听”，“感激之情溢于言表”。[①] 手工训练的趣味性使得成千上万的儿童在没有强迫的情况下，在炎热的夏天自觉到假期学校学习；另一方面，手工训练还教给儿童家务和工作的技能，对工薪阶层儿童而言具有实用的经济价值。例如圣路易斯（St. Louis）的假期学校为学生开设了多种实用的家务劳动课程，包括洗衣、熨烫、扫地、除尘、擦洗等内容。[②] 再例如纽约市一些学校采取角色扮演的方法，让儿童模拟从事城市中的各种常见职业，包括模拟护士给伤者包扎伤口，模拟保姆给婴儿换洗尿布和衣服等。早期的假期学校可以根据自己的特点选择不同的手工训练项目。然而随着学校管理逐步走向规范化，假期学校提供的课程同质性增强，手工训练课程的比重减少，取而代之的是学术性质的课程。

假期学校的短途旅行课程并不是人们通常认为的野营或野餐，而是一种系统的教学活动，让儿童在教师的照管之下通过自己的实践和观察认识周围的自然事物，目标是“使工薪阶层儿童与乡村生活之间产生联系”[③]。短途旅行课程的设置是因为组织者考虑到儿童具有喜爱探索、发现新事物的天性，因此每一次的短途旅行都会事先进行组织和设计，其后的教学活动依照途中见闻展开。例如芝加哥的假期学校每周都会安排学生到农场、树林或公园进行短途旅行，然后围绕旅行中的见闻展开本周的教学活动。[④]

假期学校的本土文化课程对移民儿童起到了同化作用，是“熔炉”

---

① Clarence Arthur Perry, *Wider Use of the School Plant* (New York: Charities Publication Committee, 1910), pp. 117, 120.

② Clarence Arthur Perry, *Wider Use of the School Plant* (New York: Charities Publication Committee, 1910), pp. 123-124.

③ Kenneth Mark Gold, "'Mitigating Mental and Moral Stagnation': Summer Education and American Public Schools, 1840-1990" (PhD diss., University of Michigan, 1997).

④ Joseph Lee, *Constructive and Preventive Philanthropy* (New York: The Macmillan Company, 1902), p. 117.

理论的实践形式之一。为了使移民儿童能够更快地融入美国社会，不少假期学校通过开设专门的英语课程、组织参观城市中的历史文化景点、进行爱国主义教育等方法增强移民儿童的认同感。例如纽约市的假期学校常常组织学生演唱爱国歌曲，或在节日期间组织儿童参加历史文化游览或展览。有文献显示，在节日期间，纽约市假期学校曾组织儿童到本市或周边的历史名胜进行数百次的游览，或在展览活动中展出反映本地区人口迁徙、地理变化、历史变迁的展品，包括早期印第安人的素描、早期荷兰殖民者的画像及殖民地时期服饰的照片等。①

三、学校花园中的劳动与教育

“学校花园”（School Garden）主要是为儿童教育而设立的，并通过实践的方法教给儿童园艺知识。由于这些花园大部分在所有权上明确属于学校，因此被称为学校花园。在美国，许多优秀的花园独立于学校，但它们在运营的过程中带有相似的教育目的，因此也被归入学校花园的范畴之内。植物园不属于学校花园的范畴，因为植物园展出的植物大多数只能观察，主要使用的儿童教育方法有别于学校花园的实践方法。在美国，由于在学校花园进行园艺实践的儿童绝大部分居住在城市，因此大部分的学校花园将自身定位于广义的文化目标，旨在促进工薪阶层儿童对普通自然物进行简单、宽泛的研究，只有少部分农村地区的学校花园的目标是对高中阶段的特定学生进行农业教育。②

（一）美国学校花园的起源与开端

美国学校花园的教育理念起源于欧洲，夸美纽斯、卢梭、裴斯泰

---

① Clarence Arthur Perry, *Wider Use of the School Plant*（New York：Charities Publication Committee，1910），p. 127.

② Paul Monroe, *A Cyclopedia of Education*, Vol. 3（New York：Macmilian，1912），p. 10.

洛齐、福禄贝尔等教育家都曾推崇花园的教育功能。夸美纽斯最早在《大教学论》中提出建立纯粹教育目的的花园；卢梭认为花园是一种重要的教育因素；裴斯泰洛齐曾希望自己的农场兼具教育和农业生产的目的；福禄贝尔曾在图林根（Thuringia）的幼儿园中，让年长一些的幼儿参与花园劳动。① 19 世纪上半叶，德国一些州的教育管理当局将园艺引入农村学校，这一举措随后被引入德国许多城市的学校中。后来，瑞典、奥地利、比利时、荷兰、法国、瑞士、俄罗斯等国纷纷效仿德国，鼓励创办学校花园。但这些国家农村学校的花园大部分带有职业教育的性质，常常把学校花园变成菜园。至 20 世纪初，欧洲大陆的学校花园总数已经超过了 10 万个。②

美国学校花园的兴起受到两股力量的推动，其一是自然研究运动（Nature-Study Movement），其二是进步主义运动。自然研究运动是 19 世纪末 20 世纪初兴起于美国的乡村生活运动（Country Life Movement）③ 的分支，是学校花园兴起的最初动力。其最初目的是通过让农村孩子热爱土地、热爱自然，从而让他们满足于农村生活，继续留在农村。④ 早期的自然研究运动偏向于改善农村教育，后来开始关注在缺乏自然环境下长大的工薪阶层儿童的教育。自然研究运动的开展与霍尔的研究有着密切的联系。在《儿童心理的内容》（*The Content*

① Benjamin Marshall Davis, *School Gardens for California Schools: A Manual for Teachers* (Sacramento: W. W. Shannon Superintendent state Printing, 1905), p. 7.

② Paul Monroe, *A Cyclopedia of Education*, Vol. 3 (New York: Macmilian, 1912), pp. 10-11.

③ 乡村生活运动出现于 19 世纪末 20 世纪初的美国，是一场旨在改善美国农村居民生活的社会运动。这一运动致力于在改变农村贫困的生活条件及存在的社会问题的基础上，保留传统的农村生活方式。尽管这一运动聚焦于农村，但该运动有许多追随者都是城市居民，他们试图为农村地区带来进步变革和技术改进。该运动虽然没有改变农村的生活方式，但促进了农业推广计划，成立了一些全国性质的组织来改善农村生活。

④ William Bowers, *The Country Life Movement in America, 1900-1920* (Port Washington: Kennikat Press, 1974), p. 3.

of Children's Minds Upon Entering School）中，霍尔通过问卷调查惊奇地发现，由于很少接触自然环境，儿童在入学时知道的生活常识并不多，他们对生活中常见的动物、植物、自然现象、基本的空间概念和数字概念、身体结构、实践知识等了解甚少，和成人的设想大相径庭。霍尔指出，农村儿童知道的客观事物比城市里的儿童多些，因此他认为 6 岁左右的儿童在农村生活一段时间有利于提高智力，远远好于在城市的学校中学到一两个术语。霍尔指出，没有自然环境的健康影响，"童年不会完整，也不会正常"①。后世的研究者也支持霍尔的观点，认为儿童如果缺乏自然环境的教育，将有可能偏离美国传统的田园价值观，甚至染上恶习，成为小混混，走上少年犯罪之路。② 在自然研究运动的支持者看来，在城市里建立学校花园不仅能使儿童接触自然，而且能美化环境、增加儿童的生活趣味。

推动学校花园兴起的第二股力量是进步主义运动。20 世纪初，进步主义改革者将学校花园向全美国推广，希望通过学校花园实现多种社会目标，其中主要包括美化城市环境、减少青少年犯罪、增进公众的健康和营养、对移民进行美国化、培养良好的市民和工人等。进步主义运动强调的社会控制与自然研究运动的诸多要求都是相反的。③ 随着新移民的增加和童工法的全面改革，强迫入学法案在美国逐渐全面推广，原来在街头流浪或者在工厂里劳动的大批移民儿童被转移至学校，拉维奇认为这些儿童是"新类型的学生"，他们的大批涌入使设备简陋的学校不堪重负。④ 仅在纽约市，公立学校的在学人数从 1900 年

① G. Stanley Hall, *The Contents of Children's Minds on Entering School* (New York and Chicago: E. L., Kellogg & Co., 1893), p. 28.

② Peter Schmitt, *Back to Nature* (Baltimore: Johns Hopkins University Press, 1969), p. 79.

③ Brian Trelstad, "Little Machines in Their Gardens: A History of School Gardens in America, 1891 to 1920," *Landscape Journal* 16, No. 2(1997): 161-173.

④ Diane Ravitch, *The Great School Wars* (New York: Basic Books, 1974), p. 168.

到 1915 年就翻了一番，新增了 40 万名学生。[①] 进步主义改革者希望通过学校花园改善工薪阶层儿童的生活环境，对他们进行职业教育，进而系统地影响其道德观和价值观，像一个工厂那样制造理想的公民。马萨诸塞州伍斯特市一个学校花园甚至取名为“好公民工厂”（The Good Citizens' Factory）。[②] 马萨诸塞州历史协会（Massachusetts Historical Society）主席朗兹（Charles C. Rounds）在建立学校花园的问题上也持进步主义的观点，他指出美国超过 70%的人口居住于城市，学校花园“虽然不能消除全社会在经济、道德方面的弊病，但能起到缓和作用”[③]。为了更好地促进工薪阶层儿童道德品质的发展，许多花园都选址在贫民区周围的空地上，目的是更好地美化城市、弘扬体力劳动的价值及促进移民的美国化。在植物的选择上，出于经济及促进公众健康的考虑，这些花园更倾向于种植蔬菜而非花卉。[④] 在纽约郊区的扬克斯（Yonkers），女子学院（the Women's Institute）和扬克斯公民联盟协会（the Institute Civic League of Yonkers）都是致力于市政改善的民间组织，在它们的指导下成立的学校花园大多数以改善工薪阶层儿童的经济状况为目标。1903 年，这两个民间组织开辟了两块空地作为学校花园，240 名儿童在这里劳动。这些儿童中有 150 名爱尔兰后裔，42 名来自美国农村，26 名斯拉夫人和犹太人，16 名德国人和荷兰人，1 名意大利人，其余是非裔和亚裔的儿童。就这些儿童的宗教信仰

① Brian Trelstad, "Little Machines in Their Gardens: A History of School Gardens in America, 1891 to 1920," *Landscape Journal* 16, No. 2(1997): 161-173.

② Brian Trelstad, "Little Machines in Their Gardens: A History of School Gardens in America, 1891 to 1920," *Landscape Journal* 16, No. 2(1997): 161-173.

③ Charles C. Rounds, "The Study of Horticulture in Public Schools," in *Transactions of the Massachusetts Horticultural Society for the Year 1891, Part I*, ed. *Massachusetts Horticultural Society* (Boston: Massachusetts Horticultural Society, 1891), pp. 118-132.

④ Leroy H. Harvey, "School Gardening: A Fundamental Factor in Education," *Nature-Study Review* 12, No. 17(1916): 8-82.

来说，有 196 名儿童是天主教徒，31 名儿童是清教徒，10 名儿童是犹太教徒。1907 年，扬克斯地区的学校花园取得了经济上的成功，这些儿童生产的农产品市场估值为 1200 美元。①

在美国，学校花园的最早发起者是对农业问题和社会问题感兴趣的改革者。美国第一个学校花园出现在 1891 年，由位于马萨诸塞州罗克斯伯里（Roxbury）的乔治·普特南文法学校（George Putnam Grammar School）的教师亨利·克莱普（Henry L. Clapp）创建。1890 年，克莱普受马萨诸塞州园艺学会（Massachusetts Horticultural Society）派遣赴欧洲学习，对学校花园逐渐产生兴趣。为了美化环境，教育儿童热爱自然，激发儿童进行自然研究的兴趣，他在乔治·普特南文法学校的一块空地上建立了美国第一所学校花园，鼓励学生种一些蔬菜、花卉。② 虽然这个花园并没有像朗兹期望的那样减轻或缓和社会弊病，但克拉普对此仍然表示满意，他认为儿童们在花园里的劳动使他们更接近自然，这个花园作为“儿童园艺教育的开端，似乎具备了成功的所有要素”③。随着该花园的成功，美国东北部其他地方陆续建立了数个学校花园，主要包括 1897 年创办于俄亥俄州代顿（Dayton）市的国家现金注册公司（National Cash Register Company）的花园，1897 年创办于马萨诸塞州海安尼斯师范学校（Hyannis Normal School）的花园，1900 年创办于康涅狄格州哈特福德园艺学院的花园及弗吉尼亚州汉普顿学院的花园，1902 年范妮·帕森斯（Fannie Parsons）创办于纽约的儿童学校农场（Children's School

---

① Brian Trelstad, "Little Machines in Their Gardens: A History of School Gardens in America, 1891 to 1920," *Landscape Journal* 16, No. 2 (1997): 161-173.

② M. Louise Greene, *Among School Gardens* (New York: Charities Publication Committee, 1910), p. 7.

③ Henry Lincoln Clapp, " School Gardens, City School Yards, and the Surroundings of Rural Schools," *The Journal of Education* 58, No. 4 (1903): 80.

Farm）等。在这些花园中，最完善的是国家现金注册公司的花园。这个公司的总裁曾调查周围人幼年的经历与长大后成功与失败的影响，认为那些幼年时曾经在农场或者花园里劳动过的儿童，从农场的劳动中秉承了辛勤劳动的价值观，故而在长大后很少经历失败。因此他开设了该花园，让儿童利用业余时间在花园中进行劳动实践，强调经济激励及塑造儿童的性格。海安尼斯师范学校的花园通过园艺课程，使学生学习了园艺及其相关的算术、银行业务、交易等知识。

到1905年，学校花园在美国的大城市中变得常见，公民俱乐部（Civic Club）在费城建立的学校花园是美国最大的学校花园，该花园占地4亩，为1200名儿童每人提供了12×15英尺①的土地。② 在这些学校花园中，园艺教学大多是在自然课教师的指导下进行的。与聘请专门的园艺教师比起来，这种教学模式更容易与学科教学关联起来。在发展初期，美国大部分的学校花园虽然设立于公立学校内或者附近的地块，但它们通常是由个人或社会组织建立的，处于教师、小团体及其他对学校花园感兴趣的人士的个人管理之下，缺乏与公立学校的官方联系。例如纽约市有80多个学校花园，大部分都在学校内，多数由纽约学校花园协会之中的热心人士运营，较少获得学校的拨款。其他许多城镇承认园艺是自然研究课程的一部分，但没有为花园学校提供物质基础。事实上，美国特大城市之外大部分的学校花园都不需要接受学校当局的经济援助，因为大部分地区的土地方便获得，参加劳动的学生不需要获得报酬，种子和农具便宜易得，产出所得比投入要多。也有一些城市的教育委员会为学校花园提供财政资助，例如克利夫兰、罗切斯特（Rochester）和其他几个城市将花园作为学校工作的一部分，正式为其提供资金。不少民间组织还对市政府进行游说，希望政府能

---

① 1英尺=0.3048米。

② Brian Trelstad,"Little Machines in Their Gardens:A History of School Gardens in America,1891 to 1920,"*Landscape Journal* 16,No.2(1997):161-173.

够资助学校花园的发展。①

（二）学校花园的教育价值

19 世纪末 20 世纪初，学校花园与游戏场、假期学校和城市公园等诸多改革措施一起发展，它们之间有着千丝万缕的联系，但这些联系并没有削弱它的独特性。对儿童而言，在学校花园里进行劳动和学习具有特殊的教育价值。学校花园的目标并不是培养园丁或者农民，而是为成长中的儿童提供身心全面发展的机会。② 花园中的劳动与学习不仅能够让儿童丰富业余生活、强壮身体、手脑并用、培养动手能力，而且能够使得儿童热爱自然、热爱户外活动，并能使他们的意志得到训练、情感得到陶冶，还能培养他们的责任心、好奇心、判断力、自我管理能力，以及对体力劳动的尊重等。帕默（S. T. Palmer）指出，在教育即生活的理论前提下，花园中的劳动可以使儿童获得“生活的原则”，它允许儿童“在必然性法则之下自己解决学校中必须传授的困难问题，为心的教育、手的教育和脑的教育同时提供了理想的环境”。戴维斯（B. M. Davis）也指出，城市的学校中“最好的教学计划从学校花园开始”，农村学校“最成功的农业教育从当地环境的农业活动开始”，在这些活动中发现的问题将成为学生调查甚至实验的对象。③ 由于学校花园在促进儿童身心发展中具有重大的价值，它被当时的教育

---

① Paul Monroe, *A Cyclopedia of Education*, Vol. 3 (New York: Macmilian, 1912), p. 11.

② M. Louise Greene, *Among School Gardens* (New York: Charities Publication Committee, 1910), pp. 105-106.

③ M. Louise Greene, *Among School Gardens* (New York: Charities Publication Committee, 1910), p. 41.

改革者誉为“户外的教学实验室”[①] “进行良好教育的工具”[②]。例如伍斯特的“好公民工厂”美化了社区环境，三年内将岛区居民的健康比例提升了72%，生产的蔬菜估值2341美元，将周围房产的价值提升了5万美元。[③]

儿童在学校花园里的劳动始终贯穿着教育的、职业的和社会的目的。例如在海安尼斯师范学校的花园里，在进行准备工作的4—7月，花园里的工作依据天气、土壤条件等进行包括整地、铺地、除草、间苗、播种、锄地和耙地等。天气不好的时候，学生可以在教室里讨论选种、植物的生长情况、花园的规划，研究植物的发芽情况，还可以通过日记记录植物的生长情况。儿童不仅可以观察花园里的植物、鸟类和昆虫，可以观察园丁如何进行田间工作，可以运用算术知识对花园进丈量、绘图，可以在拼写课上使用新学会的词语讨论花园里的事物，还可以通过观察植物的整个生长过程为自然课、绘画课、写生课、作文课提供大量优质素材。[④] 有儿童在日记里观察了萝卜的生长形态：“最大的萝卜有5.5英寸[⑤]高，除了子叶外，它还有五片叶子；最小的萝卜有1英寸高，除了子叶外，它还有四片叶子。子叶像一颗心，其他的叶子形状像一个椭圆形。植物的生长需要有阳光、空气、保护和养料。一个萝卜根约长1.25英寸，宽约0.63英寸……我们打算把12捆

---

① Margaret H. Oliver, "The School Garden, an Outdoor Laboratory for Teaching," *The American Biology Teacher* 15, No. 1(1953): 5-8.

② W. A. Baldwin. "The School Garden as an Instrument of Sound Education," *Journal of Education* 64, No. 7(1906): 187-190.

③ R. J. Floody, "Worcester's Garden City Plan; Or, The Good Citizens' Factory," *Nature-Study Review* 8, No. 4(1912): 145-150.

④ William A. Baldwin, *Industrial-Social Education* (Springfield: Milton Bradley Company, 1907), pp. 105-106.

⑤ 1英寸=2.54厘米。

小萝卜以 60 美分的价格卖给师范学校。”① 这个班级的儿童在银行开设了一个账户，将出售果实所得存入银行，每个人都学会了如何填写存单。在如何使用这笔钱的问题上，班上的学生通过民主的选举与讨论制定出详细的计划，成功举办了一次班级活动，并在此过程中学会了填写账单、支票和收据。这个收入、支出的过程融入了初步的科学知识、手工训练和身体锻炼等诸多因素，儿童不仅丰富了自己的学习生活，了解了植物的生长过程，探索了植物与土壤、阳光、空气、水分等之间的关系，还为绘画、语言、算术等学科的学习提供不少来自自然界的素材，同时还培养了儿童进行自我规划的能力，培养了他们对劳动、权利和财产的尊重，拓宽和丰富了孩子未来的生活。

再例如帕森斯夫人的儿童学校农场，该花园的目标是减少曼哈顿地区的青少年犯罪，它为拥挤的大城市的特殊需要提供了样板。该花园地方不大，在合理规划的基础上分季节种了两种植物。在这里劳动的几千名儿童大多数是附近社区的工薪阶层儿童，许多人都因为各种问题进过监狱。通过在花园里的劳动，这些儿童既获得了自然常识，又避免了在街头游荡的危险。儿童学校农场在附近社区很受欢迎，附近的儿童想加入时需要提交申请，获得批准后还需要等候有空出来的名额时，才能在该花园里分到一小块土地。正是由于如此，儿童才更加珍惜机会，服从花园的秩序和规则。在 1905 年出版的《自然研究评论》（*Nature-Study Review*）的第一卷中，帕森斯夫人这样描绘儿童学校农场里的情景，这里“种植着一英亩的蔬菜和鲜花，整齐地排列成行，由数百名儿童照料”，“进入大门，我们似乎立刻就与肮脏的街道、喧闹的人群隔绝开来”。② 该花园的确在一定程度上改善了参与其

---

① William A. Baldwin, *Industrial-Social Education* (Springfield: Milton Bradley Company, 1907), pp. 109-110, 112.

② Fannie Griscom Parsons, “A Day at the Children’s School Farm in New York City,” *Nature-Study Review* 1, No. 6 (1905): 255-261.

中的儿童的道德品质，该花园"没有一样东西失窃"。对所有权的尊重不仅存在于该花园，还存在于周边的社区，那些曾有前科的儿童摒弃了不良行为，具备了"诚实、爱护公物、自我管理、公正、尊重体力劳动、热爱所在的城市、热爱自然"等良好品质。[①] 该花园后来成为美国著名的德威特·克林顿公园（The DeWitt Clinton Park）。

很多教师反映，不少学生在参加花园里的劳动之后，学业成绩有了更快的进步。人们发现，这种效率的提高对道德也有间接的影响，在许多城市里，从事园艺活动的男孩似乎对恶作剧失去了兴趣，也许是因为他们将时间用于从事花园中的有趣工作。学校花园中的工作涵盖了手工训练所宣称的大部分优点，而且由于在户外进行的缘故，能够与自然研究相结合。学校花园不但发展了儿童对于自然研究的兴趣，而且让儿童直接接触了工业教育的部分内容。这种教育不仅对学生具有职业价值，还使得学生更深入地了解农业。在这种意义上，学校花园可以算得上当时美国一种最重要的健康休闲场所。

（三）学校花园的鼎盛时期

1915 年，全美大多数的城市学区几乎都建立了学校花园。[②] 多个全国性质的学校花园协会得以建立，其中帕森斯夫人在纽约发起的国际儿童学校农场联盟（The International Children's School Farm League）试图"使得儿童的花园进入学校和公园的系统"；1911 年成立的美国学校花园协会（The School Garden Associationof America）后来成为全美教育协会（National Education Association，简称为 NEA）的一部分，提升了公众对学校花园的兴趣。

随着学校花园在美国的快速普及，许多大城市的政府机构和民间

---

① Brian Trelstad,"Little Machines in Their Gardens: A History of School Gardens in America, 1891 to 1920," *Landscape Journal* 16, No. 2(1997): 161-173.

② Brian Trelstad,"Little Machines in Their Gardens: A History of School Gardens in America, 1891 to 1920," *Landscape Journal* 16, No. 2(1997): 161-173.

团体都鼓励筹建花园，比如克利夫兰家庭园艺协会（Home Gardening Association of Cleveland）、波士顿 20 世纪俱乐部（Twentieth Century Club of Boston）、马萨诸塞州公民联盟（Massachusetts Civic League）、密苏里植物园（Missouri Botanical Garden）、空地种植协会（Vacant Lot Cultivation Association）、美国农业部及许多地方上的农业协会、纽约的公园系统等。78%的城市学监声称他们鼓励园艺活动，许多城市政府为学校花园提供了必要的资源。大部分主要城市的政府都有专门管理学校花园的部门，不少大城市为学校花园大量拨款，例如在 1915 年各大城市对学校花园的资助中，费城拨款 19 893 美元，洛杉矶拨款 19 000 美元。另外还有 31 个城市对学校花园的拨款超过了 500 美元，108 个城市的拨款少于 500 美元。有报告预测 1915 年全美对于学校花园的总体资金支持至少有 126 680 美元。①

随着全美大部分主要城市纷纷建立学校花园，不少地方的教育委员为学校花园提供资金，美国农业部也为学校花园提供支持。1904 年，农业部下属的工业种植局（Bureau of Plant Industry）成为全美范围内学校花园的信息中心，并协助在哥伦比亚特区建立学校花园。1914 年，国会要求联邦政府将学校花园作为一种全国性质的教育措施，并在美国内政部（U. S. Department of the Interior）下属的教育局（Bureau of Education）之下建立家庭和学校园艺部（Division of Home and School Gardening），这个部门的建立时间比幼儿园、小学和中学部（Department of Kindergarten，Elementary and Secondary School）的建立早 4 年。1914—1916 年，教育局每年给家庭和学校园艺部提供 5700

---

① J. L. Randall, "School and Home Gardening," in *Report of the Commissioner of Education for the Year Ended June 30, 1916*, ed. United States Department of Interior, Bureau of Education(Washington, D. C. :GPO. 1916), pp. 259-270.

美元的拨款。这一拨款数目逐年增多，到1920年达到25 000美元。[①]

1918年，为了配合美国参加第一次世界大战，美国政府将学校花园改建为“学校花园军”（United States School Garden Army）。150万名学生加入了“学校花园军”，种植了超过6万亩的土地，学校花园的存在目的变成为战争提供粮食、蔬菜，并进行爱国主义教育。威尔逊总统指出：“建立花园并让儿童在其中劳动，与造军舰、发射炮弹一样现实，充满爱国主义。”[②] 1918年，国防部门为学校花园提供5万美元的资助；6个月后，威尔逊总统将这一数额增至25 000美元。参加花园军的儿童被授予徽章、军衔，“学校花园军”的建立不仅增加了战争时期的食物供应，而且培养了学校儿童节俭、勤劳、有责任心的品质与服务精神。[③]

第三节　培养青少年符合社会要求的性别角色

从广义上说，“青春期”亦属于童年期的一部分。在“受庇护的童年”的观念之下，在19世纪末20世纪初的美国，青春期成为童年的延伸，越来越多的城市青少年仍然和父母住在一起、不参加生产劳动、继续接受教育，并且不为家庭经济做出贡献。在进步主义时代，越来越多的美国人接受了“青春期”这一概念，并且用民主的观点去看待青春期儿童的成长。

---

① Brian Trelstad, “Little Machines in Their Gardens: A History of School Gardens in America, 1891 to 1920,” *Landscape Journal* 16, No. 2(1997): 161-173.

② Joachim Wolschke-Bulmahn, “From the War Garden to the Victory Garden: Political Aspects of Garden Culture in the United States during World War I,” *Landscape Journal* 11, No. 1(1992): 51-57.

③ Brian Trelstad, “Little Machines in Their Gardens: A History of School Gardens in America, 1891 to 1920,” *Landscape Journal* 16, No. 2(1997): 161-173.

在进步主义时代的美国，青少年受重视程度的提升具有深刻的历史背景。一方面，由于人们普遍提高了饮食质量和健康水平，青少年的生理成熟年龄在不断提前。与 1880 年相比，1920 年的北美 15 岁男孩平均身高要高出 2 英寸，体重多 15 磅。① 一位高中校长说，"男孩和女孩过早地变成了男人和女人"，他呼吁应该让儿童上学至少到 14 岁，这样才可以将他们的童年身份保留。在另一方面，生育结构的变化和人口寿命的延长使得家长更关注处于青春期的未成年人。随着每个女性生育的孩子数量减少，生育率在不断下降。在美国和欧洲，1800—1850 年出生率的稳步下降导致了 1900 年人口的迅速减少。在 1920 年，美国 0—18 岁人口的比例低于 1870 年时美国 0—12 岁人口的比例。此外，与 19 世纪中期相比，20 世纪初女性的生育间隔变小。1900 年，美国城市地区的女性呈现出一种紧密间隔的儿童生育模式。由于生育间隔的缩短，一种几乎没有先例的家庭类型应运而生，即家庭中所有的孩子都集中在某一年龄范围内。随着 19 世纪末人口寿命的延长，所有孩子都处于青春期的家庭越来越多。在 1840—1900 年，更多的家长有机会看到他们的孩子进入青春期阶段。②

在此情形下，关注青春期儿童的健康发展、提高他们的受教育质量具有更重要的社会意义。针对青春期儿童在生理上、社会上、智力上的"早熟"，改革者和社会工作者开始致力于研究青春期问题，努力使城市青少年对家庭的依赖性制度化，使他们的社会身份和经济地位更接近于儿童。成人不断强化青少年对父母的依赖性及成人在家庭外对青少年的监督，其形式是多种多样的，比如反对童工的儿童福利者反对青少年儿童全职工作，少年法庭的拥护者支持法官对违法犯罪青

---

① H. V. Meredith,"Change in The Stature and Body Weight of North American Boys During the Last 80 Years,"*Advances in Child Development and Behavior* 1, No. C(1964): 69-114.

② David I. Macleod, *The Age of the Child* (New York: Twayne, 1998), pp. 139-140.

少年的自由裁量权，各类俱乐部的支持者试图引导青少年的休闲娱乐活动，等等。

社会工作者对青少年符合社会要求的性别角色的养成表示担心。就男孩而言，不少男孩不愿意参加主日学校、不愿意上高中，在母亲的保护、女教师的教育、城市生活的侵蚀、学业压力大、久坐不动、工业化和被动的娱乐方式等多重因素的影响下，变得缺乏男子气概、不受控制，成为“胸脯紧绷、神经不稳定、活力不足的烟民”，比女孩子还要柔弱。① 相对于男孩来说，女孩更加听话，参加主日学校和各类青少年团体的人数更多。青少年工作者关注的不是她们不受成人控制的问题，而是她们普遍不会做或不愿做家务，不符合当时美国社会对女性料理家务、照顾孩子的社会角色定位。

1890—1920年，在各州教育委员会、教会和青少年工作者的努力下，针对不同性别的青少年的童子军、基督教青年会、基督教男青年会或基督教女青年会（Young Men's Christian Association or Young Women's Christian Association，简称为YMCA或YWCA）等课外活动组织为青少年提供丰富的课外活动，培养他们形成符合社会要求的性别角色。虽然青春期问题成为进步主义时代美国跨越阶层的共性问题，然而有资料显示，培养男女青少年符合社会要求的性别角色的活动，主要针对的还是工薪阶层青少年。比如第一批加入女童军的女孩主要来自佐治亚州的女子学校，由于许多女孩白天要外出务工，有图片显示女童军有时候在晚上活动。②

为了使青少年男孩不受街头三教九流的影响，使他们对学校生活

---

① David I. Macleod, *Building Character in the American Boy: The Boy Scouts, YMCA, and Their Forerunners, 1870-1920* (Madison: University of Wisconsin Press, 1983), pp. 48-50.

② Anastatia Hodgens Sims and Katherine Knapp Keena, "Juliette Low's Gift: Girl Scouting in Savannah, 1912-1927," *The Georgia Historical Quarterly* 94, No. 3 (2010): 372-387.

充满热情、受到成人的监督，青少年工作者建议他们在成人的监督下进行体育活动，在依赖成人的同时保持充沛的精力。阿尔文·桑伯恩（Alvan F. Sanborn）指出，“在恰当的控制下，男孩的小团伙意识可以变成男子的公民意识”①。因此，以童子军、YMCA 为代表的团体为不同年龄段的男孩提供体操、游泳、篮球、夏令营和兴趣俱乐部等活动。例如 YMCA 的参加者数量众多，其初级部的成员人数 1900 年为 30 675 人，1910 年增长至 103 570 人，到 1921 年进一步增长为 219 376 人，其中大约一半人的年龄在 15 岁或以上。从 1898 年到 1903 年，YMCA 成员人数的年增长率高达 20.1%。② 与 YMCA 相比，童子军人数的增长速度更快。美国童子军招收 12 岁及以上的男孩，其定位为预防男孩的青春期问题。1919 年，加入童子军的男孩平均年龄是 13.8 岁，只有少于 10.0%的男孩是 16 岁或以上的。1920 年，全美加入童子军的男孩数量已达到 377 000 人。③ 童子军首席执行官詹姆斯·怀斯特（James West）指出，“当男孩被刚出现的、令人困惑的青春期问题困扰时”，童子军把他们组织起来，“他们的兴趣就聚焦于有益身心健康的、有趣的活动”，从而延长精力充沛的、无性的、青春期前的童年期。④

青少年工作者对青春期女孩的关注晚于男孩，例如 YWCA 起初录取 10—15 岁的女孩，随后准入的年龄范围变为 12—18 岁，越来越多的高中女孩参加该组织的活动。⑤ 在对女孩性别角色的培养过程中，青少年工作者普遍注重培养女孩的家务能力，以及她们对家务活动的兴趣，

---

① Alvan F. Sanborn, "About Boys and Boys' Clubs," *The North American Review* 167, No. 501(1898): 254-256.

② David I. Macleod, *Building Character in the American Boy: The Boy Scouts, YMCA, and Their Forerunners, 1870-1920* (Madison: University of Wisconsin Press, 1983), p. 120.

③ David I. Macleod, *The Age of the Child* (New York: Twayne, 1998), p. 146.

④ David I. Macleod, *Building Character in the American Boy: The Boy Scouts, YMCA, and Their Forerunners, 1870-1920* (Madison: University of Wisconsin Press, 1983), p. 108.

⑤ David I. Macleod, *The Age of the Child* (New York: Twayne, 1998), pp. 147-148.

例如女童军的一位领导人指出，“未来的家务管理者必须高效，而且乐在其中”①。

为了达成这一目标，不同的女孩团体采取了不同的方法，其中以女童军和“营火女孩”（Camp Fire Girls）最有代表性。女童军注重提高女孩们的家务劳动效率，借鉴了童子军在户外活动中的许多要求，以“做好准备”为座右铭，组织女孩进行幼儿护理、家庭护理、急救、体育运动项目、家务劳动等技能学习。在女孩们进行相应的技能学习之后，女童军会组织测试，目的是通过这些富有意义的活动磨炼女孩们的性格，让她们成为有益于社会的人，为帮助自己、家人、社区及国家做好准备。② 这些技能的学习不仅改善了女孩们的生活，还培养了她们独立自主的品质。③ 除了技能学习之外，女童军还组织女孩进行知识学习。在自然研究的影响下，女童军较少使用军事化的活动与方法，而是经常进行露营、散步等自然探索活动，为女孩们讲授关于博物方面的知识。④

“营火女孩”成立于1910年，由游戏场运动的开创者之一固利克及其夫人夏洛特·固利克（Charlotte Vetter Gulick）在童子军倡导者的帮助下创办，是美国第一个非教派、跨种族、全国性质的女孩组织，

---

① David I. Macleod, *Building Character in the American Boy : The Boy Scouts , YMCA , and Their Forerunners , 1870-1920* (Madison: University of Wisconsin Press, 1983), p. 51.

② Juliette Gordon Low, *How Girls Can Help Their Country* (New York: Girl Scout of the USA, 1916), p. 6.

③ Phyllis E. Reske, "Responding to Change: Girl Scouts, Race, and the Feminist Movement" (PhD diss. , University of Wisconsin-Milwaukee, 2018).

④ Paul M. Pressly, "Educating the Daughters of Savannah's Elite: The Pape School, the Girl Scout, and the Progressive Movement," *The Georgia Historical Quarterly* 80, No. 2 (1996): 246-275.

在1920年代中期之前是美国最受欢迎的女孩组织之一。[①] 该组织的活动虽然大多是在户外进行的，但强调家庭生活和女性气质，以“家庭责任”为中心，目标是使女孩们在有机会成长为“新女性”的同时强调女性的传统家庭角色。[②] 尽管固利克夫妇最开始没有设置参与该组织的年龄限制，但他们的目标人群是十几岁的少女，希望通过该组织解决女孩们的青春期危机，使她们“由衷地热爱家务劳动”[③]。在“营火女孩”的发展规划中，固利克明确反对女孩们模仿童子军的活动，而是希望女孩致力于包括市政内务管理、广义的母职等在内的社会服务，以“寻求美丽、乐于奉献、追求知识、值得信赖、保持健康、荣誉的工作、变得快乐”为目标。[④] 该组织的重要活动之一是模仿印第安人围绕营火的仪式，尝试再现第一次社会大分工中女人以料理家务、准备食物、照顾孩子为主要工作，“使火一直燃烧”。在学习家务技能时，女孩们穿着礼服，缀着象征荣誉的珠子，模仿诸如做汤、照顾婴儿等家务活动。[⑤] 到1912年秋，美国几乎所有的主流杂志都对“营火女孩”发表了积极、正面的评价和报道，成千上万的女孩争相加入当地的“营火女孩”组织。到1913年初，美国各州约有6万名女孩成为“营火女孩”的活跃会员；到1917年时，“营火女孩”的成员人数达到94 000人。[⑥]

---

① M. Paul Holsinger, “Girls in Bloomers Are More Effective Than Girls in Skirts: The Camp Fire Girls in American Juvenile Fiction, 1910-1920,” *Children's Literature Association Quarterly* 12, No. 2(1987): 83-87.

② Susan A. Miller, *Growing Girls: The Natural Origins of Girls' Organizations in America* (New Brunswick: Rutgers University Press, 2007), p. 169.

③ Luther H. Gulick, *Wapa I: Camp Fire Girls and the New Relation of Women to the World* (New York: Camp Fire, 1912), p. 16.

④ CampFire Girls, *The Book of the Camp Fire Girls* (New York: Camp Fire Girls, 1925), p. 14.

⑤ Helen Buckler, *WO-HE-LO: The History of Camp Fire Girls, 1910-1960* (New York: Holt, Rinehart and Winston, 1961), p. 22.

⑥ David I. Macleod, *The Age of the Child* (New York: Twayne, 1998), p. 148.

第四章　儿童的权利问题及其教育支持

随着“受庇护的童年”观念的兴起，儿童福利者发现在工业化、城市化的过程中，改善弱势儿童群体的福利，缓解与弱势儿童群体相关的问题的关键在于提升他们的受教育权利，教给他们在工业社会中生活的必需的知识和技能，给予他们提升自己的机会。基于此，诸多儿童福利者致力于保护弱势儿童群体的权利，其中主要包括为解决童工问题而大力推广强迫入学法案，通过政府引导、公共教育体制保障、立法保障和专业团体支持保障特殊儿童群体的受教育权利，为了在最大程度上教育和挽救违法犯罪的未成年人而设立少年法庭等。

第一节　童工问题与强迫入学法案的推行

童工问题是19世纪下半叶至20世纪初期美国社会中严峻的“儿童问题”的重要组成部分，是美国政府及诸多教育改革者、社会工作者着力解决的儿童福利问题的重点之一。

一、美国的童工问题及其早期解决方案

随着19世纪下半叶美国工业化和城市化进程的加快，越来越多的工薪阶层父母选择将孩子带到自己上班的工厂。在将儿童送进学校尚未形成风气的情况下，将儿童带到工厂一方面能避免因为儿童独自在

家造成的危险；另一方面能够让儿童习得一些工业知识和技能，为未来的工作做好准备，并获取微薄的工资补贴家用。

到20世纪初期，雇佣童工已经成为美国社会的一种普遍现象。这些童工普遍家庭贫困，年龄在10—15岁，有些甚至不满10岁。他们在美国生产和制造业的各个领域从事着工作时间最长、工作环境最差、技术水平最低、报酬最低的单调、重复的工作。[①] 美国童工数量多、年龄小、工作的技术含量低，一份统计数据显示，1900年，美国10—15岁的童工人数达到1 750 178人，其中有60.7%的童工在农业领域工作，16.2%的童工在制造业、机械领域工作，15.9%的童工在家政服务领域工作，6.9%的童工在贸易和交通领域工作，只有0.2%的童工在专业服务领域工作。[②] 1910年，全美童工人数达到200万人，约占当时全美儿童总数的18.4%。[③] 根据1910年的统计数据，1 750 189名童工在工业领域工作，不少于688 207名童工的年龄在16岁以下，186 358名童工的年龄在14岁以下，甚至有四五岁的儿童受雇于某些家政行业，6—8岁的儿童从事报童的工作。低幼儿童充当童工并不是个案，1910年全美33个城市的报童人数不少于17 000人。[④]

童工的工作环境极其恶劣，在污染最严重、操作最机械的工段，大批童工没有任何安全防护措施，随时面临伤病和死亡的危险。根据儿童局的报道，威斯康星州、马萨诸塞州和新泽西州一年内发生了超过7478起涉及21岁以下工人的工业事故，其中38起事故造成死亡，

---

① Hugh D. Hindman, *Child Labor : An American History* (Armonk: M. E. Sharpe, 2002), p. 97.

② Scott Nearing, *The Solution of the Child Labor Problem* (New York: Moffat, Yard and Company, 1913), pp. 20-21.

③ Vincent Augustine McQuade, "The American Catholic Attitude on Child Labor Since 1891" (PhD diss., Catholic University of America, 1938).

④ Owen R. Lovejoy, "Will Trade Training Solve the Child-Labor Problem?," *The North American Review* 191, No. 655 (1910): 773-784.

920起事故造成伤残。[①] 埃德温·马卡姆（Edwin Markham）、本·林赛（Ben Lindsey）和乔治·克里尔（George Creel）在1914年出版的《被奴役的儿童》（*Children in Bondage*）一书中认为，200万童工的"身心和灵魂都受到摧残"[②]。有许多文献具体记载了童工的悲惨生活。例如露西·拉科姆（Lucy Larcom）是家里10个子女中的第九个，1835年，她的父亲去世，母亲无力支撑家庭生活，为了帮助母亲补贴家用，1836年11岁的她去纺织厂工作。起初，露西很享受独立感和有同伴陪伴的感觉，但她不久就对这份工作产生了厌倦。她的工作时间长，每周需要工作六天，每天从早上五点到晚上七点，期间共有半小时用于吃早餐和晚餐。她的报酬微薄，每周只有两美元。她的工作环境很糟糕，窗户被钉死了，灯光昏暗，空气中弥漫着灰尘和纺织品的纤维。最重要的是，她抱怨这份工作缺乏教育机会，噪音太大且枯燥乏味。她后来回忆这段经历时提到，"滑轮、滚筒、主轴和传送带的嗡嗡声和呼啸声特别烦人，如果你每天需要做同样的事情二十次，就会感到无比的沉闷"[③]。1892年，12岁的女孩罗斯·戈卢普（Rose Gollup）从俄罗斯西部的一个小村庄移民至美国，成为一名童工，她的工作是缝制男士外套的袖子衬里。她所在的工厂面积狭小、拥挤，只有"两辆普通货车"那么宽，却挤下了16个雇员和4台缝纫机；厂房灯光昏暗，只有两个气体喷头提供照明。在每天工作的12个小时之内，她时时刻刻都要呼吸着"肮脏的空气"和漫天的"布尘"。1911年，戈卢普和其他700名员工在三角内衣厂工作时，工厂发生火灾，154人死

---

① Jan Doolittle Wilson, *The Women's Joint Congressional Committee and the Politics of Maternalism, 1920-1930* (Champaign: University of Illinois Press, 2007), p. 69.

② L. B. Costin, H. J. Karger and D. Stoesz, *The Politics of Child Abuse in America* (New York: Oxford University Press, 1997), p. 68.

③ Lucy Larcom, *A New England Girlhood* (Boston: Houghton Mifflin, 1889), pp. 42-45, 120-121, 152-157.

亡。许多工人的衣服都着火了，通往楼梯的防火门上了锁，有些员工从窗台上跳了下去，不幸摔死。“我不停地哭了好几个小时，”戈卢普后来写道，“后来连续好几天，我常常梦见自己从窗户上掉下去，尖叫着……然后我就开始哭，停不下来”。[①]

多种因素导致美国公众越来越关注童工现象及其带来的社会问题。1908 年，在全美童工委员会（National Child Labor Committee，简称为 NCLC）的委托下，刘易斯·威克斯·海因（Lewis Wickes Hine）深入美国南部的农田、罐车厂、煤矿、工厂、磨坊等，拍摄了 5000 多张童工的照片，反映了童工的真实生活状态、工作和生活条件的残酷及现行童工立法的不完善。[②] 这些照片直接刺痛了美国公众的神经，用统计、报告和文学作品无法做到的方式唤醒了整个国家的良知。再加上进步主义时代“受庇护的童年”的观念越来越深入人心，人们普遍认为，所有儿童，无论出生于什么样的阶级和家庭，都应该享有一个受保护的童年，能够无忧无虑地玩耍、学习。但事实上，工人阶级儿童的实际生活与中产阶级的设想有着剧烈的反差。因此整个美国社会对童工问题热情高涨，诸多社会团体、民间组织、慈善家等都将揭露和抵制童工现象、保障童工的福利和待遇作为主要的目标，许多致力于童工改革的人都认为童工现象是对社会的“威胁”，意味着“愚昧和无知的蔓延、工资标准和生活标准的降低、贫穷的延续、成人失业和犯罪增加、家庭的分裂并最终导致的整个人类的堕落”。[③]

为最大限度地解决童工问题、改善童工的生存状态，20 世纪初，

---

① Steven Mintz, *Huck's Raft: A History of American Childhood* (Cambridge: Harvard University Press, 2004), pp. 180-181.

② Steven Mintz, *Huck's Raft: A History of American Childhood* (Cambridge: Harvard University Press, 2004), p. 181.

③ Walter I. Trattner, *Crusade for the Children: A History of the National Child Labor Committee and Child Labor Reform in America* (Chicago: Quadrangle Books, 1970), p. 12.

NCLC与美国各州的反童工组织联合起来，尝试通过调动公众的积极性、引发公众的同情等手段来抑制童工现象在美国的继续发展。为此，NCLC从美国南部各州分别使用童工最多的各种产业入手进行调查，试图反映童工的真实生存状况。通过调查发现，在煤矿业、棉纺业、玻璃制造业等童工使用十分密集的行业，童工的健康和安全毫无保障，童工立法非常薄弱。在NCLC、儿童局、教会团体、妇女俱乐部、工会组织、公民组织、热心的社会工作者等的不懈努力下，人们意识到通过立法来保障童工权益的可能性和必要性，因此开始积极推进各州的童工立法进程，试图在一定范围内减少童工雇佣，保障童工的生命安全、健康及接受一定程度教育的权利。这些立法或者禁止了工厂雇佣一定年龄以下的儿童，或者禁止了儿童进入某些极为危险的职业，或者规定了儿童工作时间的上限，或者规定了儿童就业前的教育要求。例如阿拉巴马州、北卡罗来纳州和南卡罗来纳州不允许12岁以下的儿童在工厂里上夜班；但如果儿童认为自己需要上夜班，这三个州的工厂也不阻拦。[①] 至1900年，美国北部各州普遍限制童工进入煤矿厂和制造厂。[②] 部分工厂还象征性的为童工设立了夜校，但由于人手不足、设备简陋，儿童经历了长时间的高强度劳动之后根本无心学习，学习时间和质量根本无法得到保证，因此工厂的夜校形同虚设，童工几乎没有机会获得真正的教育。

1880—1910年是各州为童工立法的高峰期。作为工业发展最快、雇佣童工最多的州之一，纽约州率先实施童工立法，在1886年通过了

---

① Walter I. Trattner, *Crusade for the Children: A History of the National Child Labor Committee and Child Labor Reform in America* (Chicago: Quadrangle Books, 1970), p. 82.

② Hugh D. Hindman, *Child Labor: An American History* (Armonk: M. E. Sharpe, 2002), p. 59.

《纽约童工法》（*New York State Child Labor Law*）并强制执行。[①] 然而，由于缺乏立法宣传、执法不力、职业覆盖面有限等原因，1900 年以前的州法律在限制儿童广泛就业方面相当无效。1900 年，10—21 岁的儿童中有 18.2%的儿童没有充分就业，而在 1880 年这一比例为 16.8%。[②] 随着通过立法保护儿童的呼声逐渐高涨，童工立法在美国掀起了高潮：1904—1908 年，全美 34 个州制定了童工法；1905—1910 年，全美 38 个州和哥伦比亚特区颁布了童工法。在 1906—1907 年的立法会议上，有 18 个州制定了新的童工法或修订了现有的童工法，其中包括 8 个位于美国南部的州；在 1908—1909 年的立法会议上，有 17 个州制定了新的童工法或修订了现有的童工法，其中包括 5 个位于美国南部的州。自 1908 年起，俄亥俄州、肯塔基州、弗吉尼亚州、密西西比州和俄克拉荷马州的立法机构陆续通过了对童工法的重要修改，纽约州、罗得岛、马萨诸塞州、新泽西州和哥伦比亚特区也紧随其后修订了童工法。[③]

然而，这种积极的立法行动遭到工厂主们出于利益考虑的强烈抵制，在事实上并没有改善童工的境遇。工厂主们声称童工的工作很轻松，儿童在工作中频出事故不是因为工作本身的危险性，而是因为儿童工作不认真、不负责。为了“解决”这个问题，工厂主们并没有加强对童工的安全保障，而是解雇了不少马虎、顽皮的童工。为了维持

---

① Frederica Perera,“Science as an Early Driver of Policy: Child Labor Reform in the Early Progressive Era, 1870-1900,”*American Journal of Public Health* 104, No. 10(2014): 1862-1871.

② Allen R. Sanderson,“Child-labor Legislation and the Labor Force Participation of Children,”*The Journal of Economic History* 34, No. 1(1974): 297-299.

③ Owen R. Lovejoy,“Will Trade Training Solve the Child-Labor Problem?,”*The North American Review* 191, No. 655(1910): 773-784; Owen R. Lovejoy,“The Function of Education in Abolishing Child Labor,”*The Annals of the American Academy of Political and Social Science* 32, No. 22_suppl(1908): 80-91.

生计、养家糊口，儿童们不得不更加战战兢兢、加班加点地工作。另外，工厂主们还声称童工法企图破坏市场秩序、扼杀南方工业、强行从赤贫者手中抢走唯一的生计来源，于是他们拼命地粉饰太平，频繁地聚会、请愿，甚至煽动众多童工集体签名。[①] 例如有磨坊主声称磨坊的环境“整体良好”，磨坊里的工作“很轻松”，不会造成儿童体力上的劳累，至多需要成人的密切关注即可。[②] 为了证明他们的观点，工厂主们还经常征集请愿书，由厂里的童工签名，谴责童工法。一份有3000人签名的请愿书曾被送到南卡罗来纳州的立法机关，上面写着：“我们没有过度劳累，我们很满足，只求让我们清净。”细看之下即可发现，数百名签名者连自己的名字都不会写，仅仅是用一个“X”来表示。[③]

童工法还招致童工家庭迫于生计的抵触。由于童工法仅仅限制了儿童去工厂工作并获取工资的机会，没有设立专门的监督机构来落实和执行保护童工的法令，同时没有给儿童指出生存和发展的更好的道路，在短期内使得童工家庭的经济收入减少，因此遭到童工家庭的反对和怨恨。童工家庭为了能够让孩子进入工厂工作，不得不虚报年龄。例如，男孩帕特里克·科尔尼（Patrick Kearney）在煤矿厂当童工，1907年在矿井中丧生，他去世时看上去只有十岁左右。在他死后的一次调查中，工头表示自己并不知道男孩的年龄，但男孩的父母告诉他孩子已经14岁，因此没有必要对男孩的工作证明提出质疑。科尔尼的父亲随后作证说，孩子出生在1898年6月，死时只有9岁半。这位家

---

① Emil G. Hirsch,“Child Labor from the Employer's Point of View,”*The Annals of the American Academy of Political and Social Science* 25, No. 3(1905):137-143.

② Walter I. Trattner, *Crusade for the Children: A History of the National Child Labor Committee and Child Labor Reform in America* (Chicago: Quadrangle Books, 1970), pp. 80-81.

③ Elizabeth H. Davidson, *Child Labor Legislation in the Southern Textile States* (Chapel Hill: University of North Carolina Press, 1939), p. 178.

长承认，他曾在当地治安法官面前宣誓，说孩子 14 岁，他只是想给孩子找份工作挣钱。①

继各州之后，美国联邦政府也出台了一系列限制童工的法案，以及全国统一的童工法标准。美国各州和联邦政府虽然付出了巨大的努力，但随着工业的发展，美国童工问题的重点从煤矿厂、棉纺厂、玻璃厂等转移到了农业领域，各州和联邦政府的童工立法收效甚微。因此，有研究者指出，联邦政府的童工法在解决童工问题方面是一次"无功的、空虚的胜利"②。

二、强迫入学法案的出台

在解决童工问题的过程中，人们逐渐发现强迫儿童入学是一个更好的选择。进入学校的儿童不仅无法进入工厂，而且能够接受教育、学习知识，极大地降低了他们无所事事和违法犯罪的可能性，从整体上有助于提高儿童的文化和道德水平，为他们将来更好地进入工业社会做准备。因此，正如南卡罗来纳州一位官员所说，"最重要的是让孩子们上学，而不是让他们远离工厂"③。

强制儿童入学的法令在美国早已有之。例如马萨诸塞州曾在 1936 年通过法令指出，15 岁以下的儿童在受雇于任何制造类企业前的一年内，必须在公立或私立学校中学习至少 3 个月，且必须由具有法律资格

---

① Walter I. Trattner, *Crusade for the Children : A History of the National Child Labor Committee and Child Labor Reform in America* (Chicago: Quadrangle Books, 1970), pp. 73-74.

② Robert Willard McAhren, "Making the Nation Safe for Childhood: A History of the Movement for Federal Regulation of Child Labor, 1900-1938" (PhD diss., University of Texas, 1967).

③ Walter I. Trattner, *Crusade for the Children : A History of the National Child Labor Committee and Child Labor Reform in America* (Chicago: Quadrangle Books, 1970), p. 84.

的教师授课。康涅狄格州分别于1842年、1869年、1872年通过了类似的法令，不断提高对儿童学习时间的要求，并对违反此类法令的雇主予以罚款。① 早期的强迫入学法案都没有给儿童规定过高的学业标准，一般只是要求儿童在工作之前必须在学校或类似机构中接受一定时间（通常是3—6个月）的教育即可。

随着美国人逐渐认识到强迫儿童入学是解决童工问题的最优选择，越来越多的州将强迫儿童入学的立法提上日程。要求儿童在工作之前必须接受一定时间的教育的条款或出现在童工法中，或作为单独的法令出现。例如，作为全美童工问题最严重的州之一，宾夕法尼亚州从19世纪中叶开始立法，为儿童提供保护、教育和工业培训。宾夕法尼亚州于1831年建立公共教育基金，1848年建立《贫民教育法》（*Pauper School Law*）。1895年5月，宾夕法尼亚州通过法律要求8—13岁的儿童每年至少上学16周。该法令后来进行修订，要求儿童必须在学期初入学，除非教育部门另有要求；进入公立学校学习的年龄上限为16岁；规定出勤率延长至学年的70%；13—16岁的儿童如果不会用英语读写，在进入到某些有限制的行业之前必须每年上学16个星期；文盲青年在获得工作前必须出示一份由老师签名的证书，作为其完成学业的证据。1901年，宾夕法尼亚州的立法机关又将1895年的法令进行了修订，要求所有8—13岁的儿童必须学习公共英语的完整课程，13—16岁的儿童不参加公共英语课程的前提条件是他们能够非常流利地用英语读写，并且长期受雇；那些住在离学校两英里以外的儿童，以及那些因"精神、身体或其他特殊原因"而无法上学的儿童，可以免于法律处罚。法令规定公立学校的强迫入学时间不少于全部上课时间的70%；对教师或家长未执行该法律规定的处罚是，对初犯处以不

① Forest Chester Ensign, *Compulsory School Attendance and Child Labor* (Iowa City: The Athens Press, 1921), pp. 37-39, 94-102.

超过两美元的罚款或不超过两天的监禁，对于随后的犯罪行为，罚款不超过5美元，并且判处5天监禁；市区必须有出勤员监督儿童的出勤情况；该法令的实施完全由地方学校主管机关负责，但如果某地方不执行这项法令，州督学有权扣留四分之一的国家拨款。①

需要注意的是，在进步主义时代的美国，一般而言，各类法令强迫儿童进入的学校不仅包括公立学校和私立学校，还包括各类非传统的教育形式，诸如夜校、雇主开办的学校、业余学校、半日制学校、继续教育学校、工业学校等。这些学校为适应新的工业发展环境、促进工作儿童的教育起到了重要的作用。其中，夜校在当时的美国很普遍，在整个19世纪后期，夜校的入学率持续增长。1880年，在马萨诸塞州的霍利奥克（Holyoke）、洛厄尔（Lowell）和塞勒姆（Salem），夜校的注册人数分别占公立学校总注册人数的15%、14%和11%。这一比例在纽约市和费城达到8%，在纽波特（Newport）占12%，在帕特森（Paterson）占25%。到1900年，全美145个城市和乡镇开办了845所夜校，在校学生总数达203 000万人。② 1890年，美国37个城市设立了手工培训学校，1906年手工培训学核达到510个。许多城市建立了贸易学校，州立法机构积极为此类学校拨款。③ 夜校以及其他灵活的学校类型有效地降低了工薪阶层家庭儿童的教育机会成本，使他们能够在不放弃工资的情况下接受一定的教育。这些非传统的教育形式是19世纪至20世纪美国教育机构灵活性和适应性的体现，尽管存在教学质量不高、学习时间得不到保证、设施设备简陋、学生敷衍了事、

① Forest Chester Ensign, *Compulsory School Attendance and Child Labor* (Iowa City: The Athens Press, 1921), pp. 181-184.

② Linda K. Carter, "Evening Schools and Child Labor in the United States, 1870-1910," *The Journal of Economic History* 70, No. 2(2010): 458-462.

③ Owen R. Lovejoy, "Will Trade Training Solve the Child-Labor Problem?," *The North American Review* 191, No. 655(1910): 773-784.

出勤率低等多种问题，但仍然受到了许多童工及其家庭、工厂主的欢迎。

三、强迫入学法案的效果

20 世纪初既是美国各州颁布与童工相关的法案的高峰期，也是各州入学率快速提升、童工率显著下降的时期。1870 年，全美只有 5% 的人口接受强迫教育；到了 1910 年，超过 72%的人口接受强迫教育。根据 1900 年美国教育部的报告，美国的公共教育系统招收了 1600 万名学生，每年需要 3 亿美元用于日常花销。① 20 世纪初，美国儿童的入学率出现了迅速提升。如 1889 年，14 654 名儿童进入公立小学，450 名儿童进入公立中学，1355 名儿童进入非公立学校；而 1918 年，18 920 名儿童进入公立小学，1934 名儿童进入公立中学，1662 名儿童进入非公立学校。② 就美国北部各州而言，强迫入学法案的推进效果显著，例如在 1898—1918 年这段时间内，纽约市小学的入学人数和毕业人数、中学的入学人数和毕业人数等均有了显著的增加。纽约市小学的入学人数从 1898—1899 学年的 388 860 人增长到 1917—1918 学年的 729 992 人；中学的入学人数从 1898—1899 学年的 9379 人增长到 1916—1917 学年的 63 699 人。纽约市小学的毕业人数从 1989—1899 学年的 9695 人增长到 1915—1916 学年的 48 690 人；小学毕业升入中学的人数从 1899—1900 学年的 7794 人增长到 1915—1916 学年的 30 617

---

① Owen R. Lovejoy, "The Function of Education in Abolishing Child Labor," *The Annals of the American Academy of Political and Social Science* 32, No. 22_suppl(1908): 80-91.

② United States Bureau of the Census, *Historical Statistics of the United States, Colonial Times to 1970* (Washington, D. C.: US Department of Commerce, Bureau of the Census, 1975), pp. 368-369.

人；中学毕业且获得毕业证的人数从 1898—1899 学年的 749 人增长到 1916—1917 学年的 6163 人。[①] 就美国南方各州而言，虽然尚未找到明确的数据说明小学和中学的入学人数迅速增多，但南方各州以种植园经济作为支柱产业，随着越来越多的棉纺厂主更倾向于雇佣熟练工人而非童工可知，棉纺厂里童工的雇佣数量在减少，而进入学校为将来更好地进入工业社会做准备必然成为越来越多工薪阶层儿童的选择。

这一转变首先得益于整个美国社会儿童观的转变，以及 NCLC、儿童局等全国性质的儿童福利机构的大力推进。在“受庇护的童年”的影响下，越来越多的人认为儿童应该无忧无虑地学习、玩耍，有一个更加美好的未来，而不是为了解决眼下的温饱问题而放弃学业。为了缓解童工家庭的后顾之忧，部分州为童工家庭提供津贴，数额与童工的工作收入相当，鼓励家长将儿童送入学校。

这一转变其次得益于工厂主们普遍认识到雇佣童工得不偿失，从长远来看，机器更新换代或者雇佣受过教育的熟练工能够给他们带来更大的收益。童工的劳动力看似廉价、易得，却浪费惊人、事故不断，且大大降低了产品的技术含量和价值。童工不仅对当前的工业造成了严重破坏，而且对未来的工业发展也造成了实质性的损害。年幼时做童工减少了儿童学习与发展的机会，有损于儿童长大后的工作效率，同时也会影响儿童长大后的工作收入：“一个 14 岁以下的孩子每挣 1 美元，他们以后的收入就会减少百分之九十，这是一个保守的观点。”[②] 因此，使用童工是一种社会浪费。不少有远见的工厂主都自觉减少使用童工的数量，支持强迫入学法案，鼓励儿童去上学，从另一个角度

① Moses Stambler, “The Effect of Compulsory Education and Child Labor Laws on High School Attendance in New York City, 1898-1917,” *History of Education Quarterly* 8, No. 2(1968): 189-214.

② S. W. Woodward, “A Business Man's View of Child Labor,” *The Annals of the American Academy of Political and Social Science* 27, No. 2(1906): 103-105.

促进了强迫入学法案的落实和儿童入学率的上升。例如阿拉巴马州一个棉纺厂的财务主管在给他的经纪人的信中写道，“每次我参观这家工厂都深刻地认识到，在纺纱间雇用一个小帮手是一个巨大的错误。这不仅从人道主义的角度来看是错误的，而且也会给工厂带来绝对的损失”，因此他“反对12岁以下的孩子进厂”。一家黄麻厂的经理说：“我们过去雇佣137名孩子，但是今年我们已经把数量减少到87名，而且预计还会继续减少雇佣的儿童数量。我们的工厂比过去生产更多的东西，我们发现雇用熟练工人更便宜。”①

虽然强迫入学法案在增加入学儿童人数、解决童工问题方面取得了重要的突破，各州的强迫入学法案也在不停地修订，但并不意味着强迫入学法案将所有的儿童都送进了学校，仍有大批儿童游离在学校之外。例如在1888—1889学年，康涅狄格州对52个市镇1329个家庭进行调查发现，在2166名儿童中，有601名儿童被送至公立学校，16名儿童被送至工读学校，14名儿童被送到农村学校；有937名儿童由于合法的原因没有上学，其原因主要包括没有衣服、身心残疾、合法工作；有598名儿童由于不合法的原因没有上学，其中有533名儿童未上学的原因是家长的忽视，只有65名儿童不上学的原因是非法工作。②根据1890年美国的人口普查，威斯康星州有31 993名7—13岁儿童并未上学，占到该州该年龄段儿童人数的11%；到1895年，仍有至少17 500名学龄儿童没有接受任何形式的教育，这一比例占全部儿童人数的6%。③

---

① Scott Nearing, *The Solution of the Child Labor Problem* (New York: Moffat, Yard and Company, 1913), pp. 70-77.

② Forest Chester Ensign, *Compulsory School Attendance and Child Labor* (Iowa City: The Athens Press, 1921), pp. 103-104.

③ Forest Chester Ensign, *Compulsory School Attendance and Child Labor* (Iowa City: The Athens Press, 1921), p. 214.

即使是进入学校的儿童，也仅仅是具备了初步的读写能力。随着年级的升高，弃学儿童的数量逐渐增多。根据 1900 年美国教育部的报告，美国公立学校的学生有 50.0%以上不到 9 岁，主要在一年级和二年级就读；87.5%的学生年龄在 12 岁以下，就读于一至五年级。教育专员在 1908 年的报告中提到："初步具有读写能力只是比完全的愚昧无知强了一点点，而且我们有很大一部分儿童面临着停滞于此的危险……在四年级和五年级之后，学生入学率明显下降，此后继续下降。"[①] 在马萨诸塞州，有 25 000 名 14—16 岁的儿童没有上学，其中六分之五没有读完文法学校，五分之一没有读完七年级，四分之一没有读完六年级。根据某教育家的判断，在马萨诸塞州 2000 万名在读儿童中，至少有 500 万名儿童在下一个学年弃学。[②]

大多数儿童弃学或是由于家庭需要儿童参加工作，或是由于自己厌学。通过对当时美国 3157 个家庭的调查发现，76%的家庭可以并乐意给孩子们提供工业培训，甚至愿意给孩子花钱上辅导课。因此，儿童弃学的主要原因是他们厌恶学校生活。[③] 这些儿童不喜欢学校，对金钱有强烈的欲望，因此他们宁愿做一些技术含量低的工作，用浪费青春换取微不足道的工资。芝加哥的一位工厂检查员发现，在她采访的 500 名儿童中，有 412 人宁愿在工厂工作也不愿去上学。[④] 许多学校设

---

① Owen R. Lovejoy, "The Function of Education in Abolishing Child Labor," *The Annals of the American Academy of Political and Social Science* 32, No. 22_suppl(1908): 80-91.

② Owen R. Lovejoy, "Will Trade Training Solve the Child-Labor Problem?," *The North American Review* 191, No. 655(1910): 773-784.

③ Owen R. Lovejoy, "The Function of Education in Abolishing Child Labor," *The Annals of the American Academy of Political and Social Science* 32, No. 22_suppl(1908): 80-91.

④ Jean M. Gordon, "Why the Children Are in the Factory," *Annals of the American Academy of Political and Social Science* 32, No. 22(1908): 67-71.

立了劝学员（truant officer）试图挽救弃学的儿童，然而效果不佳。在这些孩子的眼中，劝学员的形象并不讨喜，他们“古板、留着吓人的胡子，胸前别着一个锡质徽章”，或者“气喘吁吁、身体虚弱”。①

由于厌恶学校生活，不少儿童经常逃学、不遵守纪律。20 世纪初，美国学校中有许多学生不适应学校生活，存在学业落后、社交困难、脾气暴躁、辍学、常常迟到、有犯罪倾向等问题，被统称为“困难儿童”（Difficult Children）或者“问题儿童”（Problem Children）。② 通过对这些“困难儿童”的家访，教育者发现他们憎恨学校的大部分原因是因为在强迫入学法案的要求下，他们必须在学校学习达到要求后才能获得“工作凭证”去工厂上班。例如，一个名叫威廉（William）的男孩几年前移民到美国，年龄比同班同学都大，在强迫入学法案的要求下不得不来上学。他觉得都是因为学校的限制，他才“不得不和小孩们待在一起”，不能“像个男人一样去上班”。因此他怨恨学校，不好好学习，常常扰乱课堂秩序、欺负同学、拿老师出气，与街上的小混混为伍。③ 像威廉这样渴望离开学校去工作的学生并不少见。

第二节 特殊儿童的教育福利保护

特殊（special）儿童，或称为额外（exceptional）儿童、残障（handicapped）儿童，主要包括心智有障碍、肢体有损伤、肢体有残缺的儿童。在西方传统观念里，人们将特殊儿童视为没有价值的：特殊

---

① David Tyack and Michael Berkowitz, “The Man Nobody Liked: Toward A Social History of the Truant Officer, 1840-1940,” *American Quarterly* 29, No. 1(1977): 31-54.

② Harriet M. Johnson, *The Visiting Teacher in New York City* (New York: Public Education Association, 1916), p. IX.

③ Jane F. Culbert, “The Visiting Teacher,” *The Annals of the American Academy of Political and Social Science* 98, No. 1(1921): 81-89.

儿童被定义为不完整的受造物，被视为无法进行社会化的人、无能的人、无法通过教育改善心智的人；特殊儿童群体也被归类为无社会生产力、无益于社会经济增长甚至对社会的稳定、有序发展存在威胁的群体。[①] 将特殊儿童与正常儿童隔离开来，被传统西方社会默许为对特殊儿童和有序社会的双重“保护”。[②]

一、进步主义时代之前美国特殊儿童教育发展的历史脉络与困境

在殖民地时期，由于社会经济基础薄弱，美国政府对特殊儿童的支持力度十分有限，特殊儿童主要依靠家庭、亲友、社区、救济院、慈善医疗机构等的养护、援助和救济生存下去，部分轻度残疾儿童和流浪儿童被送入手工作坊充当学徒。这些机构虽然对特殊儿童进行一些简单的文化知识教授、技能训练和道德培养，但内容简单、手段粗劣，只能解决特殊儿童的基本生存问题。19 世纪初期，法国著名医生、精神病学创立者菲利普·皮内卡（Philippe Pinel）的研究与实践在美国广泛传播，不少州也开始探索通过教育训练缓解精神障碍者生存困境的方法。19 世纪 20 年代，随着公立学校运动的开展，美国各州出现一大批专门的寄宿制特殊教育机构，包括公立和私立的聋人教育机构、盲人教育机构、精神病人教育机构、智障儿童寄宿制学校、行为不良儿童教育机构、肢体残疾儿童教育机构等。

这些努力虽然扩大了美国特殊儿童的受教育机会，标志着美国特殊教育的萌芽与产生，但事实上并没有显著改善特殊儿童群体的生存与受教育情况。随着美国各州陆续通过义务教育法，美国的公共教育

---

① 曹春平、祝贺：《美国全面实施特殊教育的起点——米尔斯诉哥伦比亚地区教育委员会案（1972）》，《教育科学研究》2017 年第 1 期。

② Margret A. Winzer, *From Integration to Inclusion : A History of Special Education in the 20th Century*(Washington, D. C. : Gallaudet University Press, 2009), pp. 7-9.

制度开始确立，特殊教育也开始由私人办学为主转向政府办学为主。义务教育法虽然赋予了特殊儿童接受教育的权利，但在其实施初期，特殊儿童受教育的问题并没有引起政府的足够重视，昂贵的特殊教育成本迫使许多家庭贫困的特殊儿童游离于学校之外。流浪、乞讨、盗窃、充当童工成为大多数特殊儿童的主要生存方式。[①] 特殊儿童群体的实际生活状态与19世纪20年代之前相比，并没有出现实质性的改变，印第安纳州的教育者哈里特·福斯特（Harriet Foster）在1879年撰写的文章中提到，特殊儿童“仍然生活在黑暗的角落，受到保护人的粗暴对待”[②]。福斯特认为，家庭和部分农村教育机构的教育质量无法得到保证，特殊儿童待在家里不仅使父母身心疲惫，而且会影响整个家庭的经济利益。因此，她建议政府加快建立特殊教育的支持机构，不仅可以使那些为特殊儿童提供教育服务的家庭和组织减轻负担，而且可以使特殊儿童接受的教育有质量保证。

二、进步主义时代特殊儿童的教育福利举措

19世纪末，特殊儿童的受教育问题和社会福利问题引起了儿童福利者的重视。在社会多方力量的支持与呼吁下，这一时期美国社会主要从政府引导、公共教育体制保障、立法保障、专业团体支持四个方面为特殊儿童群体提供教育福利支持，促进特殊教育的发展。

（一）特殊教育发展的政府引导

1909年，罗斯福总统主持召开了第一届白宫儿童会议，加强了公众对于儿童教育和社会福利问题的重视。本次会议的讨论重点是强调

---

① 黄建辉：《公平与卓越的追求：美国特殊教育发展与变革研究》，博士学位论文，福建师范大学教育学部，2015，第55、83页。

② Robert L. Osgood, *The History of Special Education: A Struggle for Equality in American Public Schools* (Westport: Praeger Publishers Inc, 2007), p. 14.

家庭和家庭生活对于被忽视的儿童及孤儿的重要性，寻求通过立法支持保障儿童的权益。本届白宫儿童会议对特殊儿童的问题开始有所关注，明确特殊儿童的范围及特殊儿童矫治项目的重要性。[①] 本届会议指出，“用公共资源投资公立学校的特殊教育项目是值得且非常必要的。如果社会不能为特殊儿童提供恰当的教育，他们将继续贫困，继而导致各种不良行为甚至产生犯罪，会影响社会文明的进步，而这一切结果最终都会由社会来买单”[②]。本届会议的许多决议虽然没有付诸实践，但开创了美国联邦政府关注特殊儿童需求的先河。

1919 年，威尔逊总统主持召开第二届白宫儿童会议，制定了《母婴法》及儿童福利的各项标准，其中就包括特殊教育问题。本届会议提出了关于发展特殊教育和保护特殊儿童权益的主张，不仅影响了美国特殊儿童教育的发展进程，同时也获得了联合国大会的支持和采纳，为针对特殊儿童的学校教育实践指明了方向。[③]

1930 年，美国总统赫伯特·胡佛（Herbert Clark Hoover）主持召开的第三届白宫儿童会议是当时美国最大的儿童福利会议，是特殊教育发展史上一个重要的里程碑，标志着特殊教育首次在全美范围内得到承认。本次会议的主题是“儿童健康与保护”，虽然此时美国已进入经济大萧条时期，但本届会议的工作内容仍延续进步主义时代保护儿童福利的主题。本届会议共有 1200 名专家出席，他们共同研究制定了《儿童宪章》（*Children's Charter*）。该文件系统阐述了特殊儿童的教育

---

① 黄建辉：《公平与卓越的追求：美国特殊教育发展与变革研究》，博士学位论文，福建师范大学教育学部，2015，第 79 页。

② Stanley Powell Davies, *Social Control of the Mentally Deficient* (New York: Thomas Y. Crowell Company, 1930), p. 302.

③ 黄建辉：《公平与卓越的追求：美国特殊教育发展与变革研究》，博士学位论文，福建师范大学教育学部，2015，第 79 页。

问题，标志着特殊儿童教育首次正式得到联邦政府的承认。[①] 在本届会议上，特殊教育专家指出：特殊教育不是慈善事业，它需要在良好的社会经济状况和健全的公共政策的基础上，为特殊儿童提供医疗、教育培训和康复训练等综合服务，并不是让特殊人群终生失业、依赖别人。[②]

《儿童宪章》反复谈到了特殊儿童的治疗和教育需要：每个身心残疾的孩子，无论是盲童、聋童、肢残儿童、智障儿童还是有其他身心障碍的儿童，都需要尽早采取措施，对其障碍进行发现和诊断，提供护理、治疗和训练。这样他才有可能成为一个对社会有用的人，而不是成为社会的负担。相关的费用应该由公共财政支持，而非由个人支付。[③] 会议还进一步构想了关于特殊儿童教育的宏伟蓝图，比如将特殊教育的受益范围扩大到更多的儿童；在诊断、治疗和培训方面做出更大努力；协调针对特殊儿童的各类服务；调整特殊教育课程设置，使之与儿童的能力相适应；加强特殊教育的职业定位；监督特殊人群的工作安排并跟进；成立残疾儿童全国委员会，并设立州咨询委员会；更积极地宣传特殊教育的作用。[④]

（二）特殊教育发展的公共教育体制保障

在 19 世纪中期及以前，美国特殊儿童的入学率是比较低的。1829 年俄亥俄州聋哑学校开办时，尽管几个月前该校就在该州的主要报纸

---

① S. Cohen, "The Mental Hygiene Movement, the Development of Personality and the School: the Medicalization of American Education," *History of Education Quarterly* 23, No. 2(1983): 123-149.

② Margret A. Winzer, *The History of Special Education: From Isolation to Integration* (Washington, D. C.: Gallaudet University Press, 1993), p. 99.

③ F. E. Howard, *Mental Health: Its Principles and Practice with Emphasis on the Treatment of Mental Deviations* (New York: Harper and Brothers, 1935), p. 277.

④ Margret A. Winzer, *The History of Special Education: From Isolation to Integration* (Washington, D. C.: Gallaudet University Press, 1993), pp. 367-368.

上发表文章说明学校的办学目标，但只有邻近地区的 3 名学生来上学。1857 年，俄亥俄州的适龄聋哑人中只有不到一半入学。1859 年，威斯康星州只有大约一半的特殊儿童报名接受教育。同样，印第安纳州的学校官员也很惋惜地表示，许多适合进入特殊学校学习的儿童并未入学，其中大多数是女孩。①

另外，19 世纪中期及以前，特殊儿童的教育责任和费用主要由私人和家庭承担，特殊教育机构中的学费和生活费并不便宜，许多来自中低收入家庭的特殊儿童常常因为经济原因无法接受适当的教育。例如在 19 世纪 60 年代的美国，聋人学校每年收取 100 美元—200 美元的学费。19 世纪 80 年代，加拿大蒙特利尔（Montreal）的一所聋哑人教育机构的学费和食宿费达到每年 217 美元，其中包括洗涤费、住宿费、寝具费和医护费。在同一时期，蒙特利尔的麦凯特殊儿童教育机构每年向来自魁北克的儿童收取 250 美元，向来自其他省份的儿童收取 300 美元。②

在强迫入学法案的实施初期，美国各州强迫入学的受益范围并不包括特殊儿童，几乎没有州明确要求家长必须将特殊儿童送到学校接受免费的教育。诸如贺拉斯·曼（Horace Mann）、亨利·巴纳德（Henry Barnard）等教育改革者对特殊儿童的状况和待遇及缺乏学校教育的有害后果感到担忧。为改善特殊儿童的受教育条件，1867 年，波士顿的贺拉斯·曼学校为聋人学生建立了第一个隶属于公立学校的特殊班级。随后各州纷纷效仿，开始在公立学校中为各类特殊儿童建立各种类型的特殊班级，包括日校、不分年级班、开放教室等。至 1911 年，美国已经有一百多个大城市的公立学校系统为特殊儿童建立了特

① Margret A. Winzer, *The History of Special Education: From Isolation to Integration* (Washington, D. C.: Gallaudet University Press, 1993), pp. 137-138.

② Margret A. Winzer, *The History of Special Education: From Isolation to Integration* (Washington, D. C.: Gallaudet University Press, 1993), p. 136.

殊学校和班级，并逐渐成为公立学校系统的一部分。公立学校的特殊班级作为寄宿制特殊学校之外的一种主要的特殊教育模式，大大改变了传统特殊教育的观念和环境，扩大了特殊儿童的受教育机会。①

随着美国各州强迫入学法案的推进，免费的特殊教育也逐步实现。初期成立的大部分特殊教育机构面临着经费短缺的问题，主要依靠特殊教育机构游说政府或展示教育成果来获得资助。例如加拿大哈利法克斯市（Halifax）的J·斯科特·赫顿（J. Scott Hutton）在二十年的时间里旅行了11 000英里，举行了300—400次公开会议，筹集了9000美元用于筹建特殊学校。随着公立学校运动的兴起，贺拉斯·曼、塞缪尔·格雷德利·豪（Samuel Gridley Howe）等教育改革者认为，特殊儿童是具有平等权利的人，特殊教育属于公共教育事业的一部分；不能把特殊教育仅仅看作是慈善事业，也不能把特殊儿童看作是施舍的对象，更不能因为经费不足的问题而压缩特殊学校的课程或学时，或者拒绝特殊儿童入学。从19世纪中期开始，美国各州特殊学校的办学主体逐渐从私人过渡至政府，主管部门从慈善委员会转为教育委员会，州和地方开始承担部分或者全部的办学经费，有效缓解了特殊教育机构办学经费紧张的问题。例如1872年在美国的40所聋人学校中，有25所学校对居住在本州的所有学生免费，11所学校对那些被证明无法支付学费的家长免费，4所学校的学生费用由他们所在的县支持。1880年，虽然马萨诸塞州的聋人教育和盲人教育并不免费，但伊利诺伊州、俄亥俄州、肯塔基州都为聋人和盲人提供免费的教育。②

然而，这一时期美国公立学校免费的特殊教育并未取得显著的效果，其主要原因之一是特殊儿童的入学率和出勤率低。人口普查的数

① 黄建辉：《公平与卓越的追求：美国特殊教育发展与变革研究》，博士学位论文，福建师范大学教育学部，2015，第76—77页。

② Margret A. Winzer, *The History of Special Education: From Isolation to Integration* (Washington, D. C.: Gallaudet University Press, 1993), p. 137.

据显示，1880年，美国只有大约33%的符合条件的聋童上学；1907年，89 287名聋人中有33%的人从未上过学。1873年成立的俄勒冈盲人学校由于缺乏学生和资金，连续四年闭校。1883年，爱荷华州有2314名智障儿童，其中960名被留在家中，超过了本州智障儿童人数的三分之一。公众的冷漠、父母的抵触及社会普遍的自由放任态度都是造成特殊儿童入学率和出勤率低的原因。① 不少贫困的特殊儿童家长觉得，由于自身的贫穷及子女的残障，政府和公众会认为他们低人一等；并且他们只有在获得贫困证明之后才能让自己的孩子入学；获得国家资助的过程是对他们的羞辱；特殊儿童被视为慈善捐助的接受者。由于对自身状况敏感，许多家长都不愿向福利机构寻求帮助，并因此被公众认为是对特殊儿童不负责任。这些家长希望特殊儿童留在家里做家务或去工厂里当童工。在美国和加拿大劳动力短缺、童工工资高的时期，包括特殊儿童在内的不上学的儿童比例极高。部分特殊儿童家长甚至认为特殊儿童进入公立学校之后会受到忽视或残酷的对待，或者认为一些机构赞助者会为了经济利益试图偷走孩子。② 因此，不少家长不愿意与孩子分离。一位盲童教师说，"有些母亲似乎把我想象成某种人"；豪也认为"父母们的敌意遏制了盲童学校的发展"。③

（三）特殊教育发展的立法保障

在欧美其他国家为特殊教育立法的影响下，以及在美国各州强迫入学法案全面普及的背景下，为包括特殊儿童在内的全体儿童提供免费的义务教育的理念已获得大部分美国公众的认可。与此同时，公众

---

① Margret A. Winzer, *The History of Special Education: From Isolation to Integration* (Washington, D. C.: Gallaudet University Press, 1993), pp. 137, 140.

② A. H. Pybas, "Compulsory Education for the Deaf," *American Annals of the Deaf* 54, No. 4(1909): 356-360.

③ Margret A. Winzer, *The History of Special Education: From Isolation to Integration* (Washington, D. C.: Gallaudet University Press, 1993), pp. 137-141.

也逐渐意识到特殊儿童只是存在某方面的能力障碍，因此是可以通过教育和医疗进行矫正和治疗的。美国特殊教育的立法于 20 世纪初相继出台，试图通过学校教育的途径弥补特殊儿童的身心缺陷。

1900 年，密西西比州和威斯康星州分别出台了《障碍儿童日班法》(*Establishment of Day Classes for Disabled Students*)。1919 年，爱荷华州通过法律指出要照顾全州范围内的残疾儿童。明尼苏达州（1915 年）、伊利诺伊州（1917 年）、怀俄明州（1919 年）、密苏里州（1919 年）、康涅狄格州（1921 年）、华盛顿州（1921 年）、俄勒冈州（1923 年）分别颁布了宽松的立法，允许地方政府按照本地的情况推进特殊教育。1921 年，威斯康星州、路易斯安那州和俄亥俄州开始在州的层面对特殊儿童教育进行援助。马里兰州 1902 年的《义务教育法》(*Compulsory Education Act*）将残疾儿童排除在外，但该州在 1914 年通过了一项立法，要求各县自行开设特殊班级，并在 1930 年为特殊儿童提供州层面的援助。许多州的教育部门设立了特殊教育机构，并很快配备了处理各种特殊儿童问题的专家。至 1930 年，全美除 9 个州之外，其他各州都制定了盲童教育法案。①

美国各州特殊教育立法并没有统一的标准，主要集中于保障特殊儿童的入学机会、特殊学校或班级的课程设置及经费投入等。例如密苏里州规定，县级主管必须向州级主管汇报本县聋、盲童的情况，否则将受到严厉处罚；推广智障、盲、聋和肢残儿童的义务教育法，授权建立公立学校的特殊班级。② 俄克拉荷马州的立法强调特殊教育者应重视传授农业、机械、物理、经济、英语、数学等学科知识在工业化

① Margret A. Winzer, *The History of Special Education: From Isolation to Integration* (Washington, D. C.: Gallaudet University Press, 1993), p. 324.

② J. E. W. Wallin, "A Study of the Industrial Record of Children Assigned to Public School Classes for Mental Defectives, and Legislation in the interest of defectives," *The Journal of Abnormal Psychology and Social Psychology* 17, No. 2(1922): 120-131.

社会中的运用。[①] 康涅狄格州的立法强调，任何一个特殊儿童都不应该被排除在义务教育之外，除非有相关管理部门的领导授权；儿童福利部门必须注意每一个特殊儿童，将他们合法安置，向当地行政委员会报告他们的情况，采取必要的措施确保特殊儿童得到足够的保护和培训。[②] 新泽西州立法规定，州政府为智障儿童提供不超过每人每年 300 美元的财政支出；如果家长无力支付智障儿童的服装费，则予以每人每年不超过 30 美元的补助；如果智障儿童在其他州就读，则每人每年财政支出不超过 400 美元，包括服装费在内；如果智障儿童生病住院，每人每年财政支出不超过 450 美元。[③] 在这些专项法规的保障下，20 世纪初期美国公立学校的特殊教育项目、特殊班级数量猛增，特殊儿童的入学率显著提高，社会公众对特殊儿童的态度从以往的“大惊小怪”(alarmist) 逐渐转向持有“温和的信念”(moderate conviction)。[④]

但由于经费短缺、师资不足、家长参与程度不够、各州标准不统一等多种因素影响，各州特殊教育法规的实践效果并没有达到预期的目标，仍然有一大部分特殊儿童，尤其是重度障碍儿童没有得到妥善的安置。根据美国的人口普查，1940 年，有 500 万的特殊儿童没有上学，即使是那些有学上的孩子，也很少得到满足其特殊需求的教育。

---

① S. W. Hamilton and R. Haber, *Summaries of State Laws Relating to the Feebleminded and the Epileptic* (New York: National committee for mental hygiene, Incorporated, 1918), p. 174.

② A. L. Gesell, *Exceptional Children and Public School Policy: Including a Mental Survey of the New Haven Elementary School* (New Haven: Yale University Press, 1921), p. 62.

③ S. W. Hamilton and R. Haber, *Summaries of State Laws Relating to the Feebleminded and the Epileptic* (New York: National committee for mental hygiene, Incorporated, 1918), p. 141.

④ E. L. Cornell and E. Ross, "Principles Underlying Special Class Organization in New York State," *Training School Bulletin* 25 (1928): 81-88.

美国和加拿大有90%的特殊儿童和正常儿童一起上学，并没有接受任何教育矫治。[①] 在一些公立学校，如果特殊儿童的行为表现影响了学校的整体教学效果或损害其他学生的权益，会被立即驱逐出校。[②] 例如在1893年，马萨诸塞州最高法院规定，公立学校可以将那些"智力较弱"、不可能受益于教学、会对其他儿童造成麻烦且"不能对自己的身体进行正常的、得体的照顾"的孩子驱逐出去；1934年，俄亥俄州凯霍加县（Cuyahoga）上诉法院规定，根据州义务教育法令，可以赋予州教育厅开除特殊学生的权力。[③]

（四）特殊教育发展的专业团体支持

为保障特殊儿童的受教育权利及特殊教育事业的健康发展，19世纪中后期，特殊教育研究者、医生、教育者、心理学家、特殊教育教师、特殊儿童家长、律师、社会工作者等组成了代表特殊儿童权益的各类社会团体。这些团体的具体工作内容与方式各不相同，比如在特殊儿童教育领域定期举办会议、创办会刊、为学校和儿童家长提供专业咨询等，出发点和最终目标都是提高特殊儿童教育服务的质量，为特殊儿童争取更多的权益。这些团体按照创办者职业类型的不同大致可以分为四类。

第一类团体是由特殊教育研究者创办的具有学术性质的专业团体，其重要代表是成立于1922年的特殊儿童国际教育委员会（International Council for the Education of Exceptional Children，简称为ICEEC）。该委员会的成立填补了美国联邦特殊教育机构的空缺，于1942年成为全

---

① Margret A. Winzer, *From Integration to Inclusion: A History of Special Education in the 20th Century* (Washington, D. C.: Gallaudet University Press, 2009), p 99.

② N. Edwards, *The Courts and the Public Schools: the Legal Basis of School Organization and Administration* (Chicago: University of Chicago Press, 1933), p. 506.

③ 肖非：《美国特殊教育立法的发展——历史的视角》，《中国特殊教育》2004年第3期。

美教育协会（National Education Association）的一个分支，1958年正式更名为特殊儿童委员会（Council for Exceptional Children，简称为CEC），对美国特殊教育的发展起着举足轻重的作用。ICEEC起源于哥伦比亚大学教师学院教师、纽约市不分级班级的督导伊丽莎白·法雷尔（Elizabeth Farrell）讲授的两门课程，《特殊教育方法》和《特殊教育班级管理》。法雷尔授课的班级的11名学生希望为那些对特殊儿童教育和治疗感兴趣的人组建一个全国性质的研究会，法雷尔被推选为第一届主席。由于最初参与创办ICEEC的人来自多个国家，因此该委员会的名称中使用“国际”一词。1923年2月，法雷尔在ICEEC第一届年会上指出，该委员会的服务对象包括“天才儿童、迟钝儿童、缺陷儿童、聋童、盲童、智障儿童、结核病儿童、营养不良儿童、心脏病儿童、反社会儿童”等各类特殊儿童。① 该委员会一方面致力于“将所有的孩子按照他们的能力进行分类和教育，包括有天赋的儿童和迟钝的儿童”；另一方面致力于“建立各类特殊儿童的班级标准”。② 对于教育者而言，法雷尔希望这个组织成为一个信息中心，为教师提供专业发展支持；发展特殊教育的理念及其专业训练；成为特殊教育主题、方法、学校和班级组织问题的权威机构；支持特殊教育专业会议和期刊等的创办。ICEEC成立的第一年就拟定了章程，1924年在法律意义上将其付诸实践。所有对特殊儿童教育感兴趣的人都可以成为该组织的成员。ICEEC发展迅速，1923年，该委员会在克利夫兰举办了第一届年会，50名代表参会，会员有389人；1944年，会员人数达到4134人；1950年，会员人数达到6500人；到1977年，会员人数达到

---

① Willard Abraham, "The Early Years: Prologue to Tomorrow," *Exceptional Children* 42, No. 6(1976): 330-335.

② B. B. Sargeant, "The International Council for Exceptional Children," *Journal of Exceptional Children* 2, No. 2(1935): 32-38.

67 000 人。①

第二类团体是由特殊教育学校的教师和管理者成立的各类专业组织，例如成立于 1850 年的美国聋哑教育者协会（Convention of American Instructors of the Deaf and Dumb）、1868 年的美国聋哑教育机构校长协会（Convention of Principals of American Institutions for the Deaf and Dumb）、1890 年的美国聋人语言教学促进协会（American Association to Promote the Teaching of Speech to the Deaf）、1871 年的美国盲人教育者协会（American Association Instructors of the Blind）、1876 年的美国智障人群教育机构医务人员协会（Association of Medical Officers American Institutions for Idiotic and Feeble-minded Persons，1907 年更名为美国智障研究协会，American Association for the Study of the Feeble-minded）等等。这些协会将美国某个具体的特殊教育领域的教育者、医疗工作者联合起来，促进他们在专业发展方面的共同研究与相互支持，推进不同研究者、不同研究机构之间的专业合作与交流，促进具体领域特殊教育的发展。

第三类团体是社会工作者成立的组织，这些组织主要致力于为特殊儿童为主的所有障碍者提供公益性质的福利服务。例如社会工作者于 1870 年成立的全美社会工作委员会（National Council of Social Work）和美国公共健康委员会（American Public Health Association），1878 年成立的全美慈善与矫正协会（National Conference of Charities and Corrections），1880 年成立的全美聋人协会（National Association of the Deaf），1905 年成立的美国盲人工作者协会（American Association of Workers for the Blind），等等。这些协会主要从社会福利方面对特殊人群，尤其是特殊教育机构中的盲、聋、智障儿童服务。

① W. C. Geer, "The CEC Tree and its Roots," *Exceptional Children* 44, No. 2(1977): 82-89.

此类团体的一项重要工作是专门组织和培训一些专业人员与残疾儿童家长进行沟通和协调，比如教师、医生、护士等，通过家庭内外的共同努力来改善家庭特殊教育环境，充分发挥父母在特殊儿童教育中的角色和作用。①

第四类是由特殊儿童家长组成的社会团体。随着整个美国社会对特殊儿童身心发展认识的加深，许多家长对特殊儿童的态度也发生了变化。许多家长不再因为子女的残疾而有内疚感、羞耻感或负罪感，也不再试图将子女藏匿起来或送走。家长逐渐认识到，身心的残疾是一种自然缺陷，是由自然原因造成的，不应该受到道德上的谴责。因此，特殊儿童在家庭中得到了应有的地位，家长也希望自己的孩子能够在社区生活中有“阳光下的位置”，获得充分的培训或教育机会及就业机会。② 特殊儿童家长来自于社会各个阶层，能够有效地为子女的健康和教育进行社会动员。为了满足家庭需求并缓解外界的社会压力，特殊儿童家长组成社会团体，通过互相提供心理支持来帮助有需的人。这些社会团体最开始只是一些非正式的个人聚会，后来正式组织起来，目的是赞助与特殊儿童教育、福利相关的各类活动。这些家长组织最先通过私立学校开展教育项目，继而资助特殊教育立法，使“特殊教育成为公立学校系统的一项功能”。特殊儿童家长的这些努力促成了特殊儿童教师培训计划和专家资格证书制度的建立。除此之外，特殊儿童家长团体还资助与特殊儿童教育相关的各种机构或场所的建设，比如为特殊儿童服务的庇护工场、职业训练中心、专业的医疗或康复训练机构、家长教育服务机构、放学前后的照管机构、短期住宿机构（暂托之家）、社区中心等。特殊儿童家长组成的社会团体是根据特定

---

① 黄建辉：《公平与卓越的追求：美国特殊教育发展与变革研究》，博士学位论文，福建师范大学教育学部，2015，第 85 页。

② J. E. Wallace Wallin,“New Frontiers in the Social Perspective of the Mentally Retarded,”*Journal of Education* 151,No. 1(1968):98-104.

的障碍类型来组织的，因为家长需要从理解他们的人那里得到支持，而且每种身心障碍都有各自独特的问题。例如 1921 年，由一批肢残儿童家长组成的美国残疾儿童协会（the National Society for Crippled Children）创立；1933 年，俄亥俄州凯霍加县成立智障儿童委员会（Cuyahoga County Council for the Retarded Child），首次为重度智力落后儿童资助了一个社区班级。①

第三节　青少年犯罪的感化与教育

青少年犯罪（Juvenile Delinquency）是近代司法的全新概念，主要指年满 7 周岁但尚未满 18 周岁的自然人的犯罪行为，是犯罪的一个特殊类型。② 在 19 世纪之前，美国司法界很少使用“青少年犯罪”的概念。为了维持以家庭为基础的纪律体系，如果青少年出现品行不端或犯下比较轻微的罪行，大多由家庭进行管理。例如马萨诸塞殖民地的一项法律规定，受到法庭惩罚的儿童必须由父亲或主人看管；而另一项法律则要求父母惩罚孩子，这样法官就不必进行干预。③ 到了 18 世纪晚期，社区管理者开始怀疑家庭作为社会管控基础的能力。随着农村的商业化和城市的工业化，越来越多的人离家工作，进入商店和工厂，家庭无法再吸收贫穷或不正常或违法的儿童充当仆人或学徒。随着 19 世纪下半叶美国工业化和城市化进程的加快及大量新移民的涌入，

---

① L. F. Cain, “Parent Groups: Their Role in a Better Life for the Handicapped,” *Exceptional Children* 42, No. 8(1976): 432-437; J. E. Wallace Wallin, “New Frontiers in the Social Perspective of the Mentally Retarded,” *Journal of Education* 151, No. 1(1968): 98-104.

② Robert M. Bohm and Keith N. Haley, *Introduction to Criminal Justice* (Dubuque: McGraw-Hill Education, 2017), p. 479.

③ Robert Mennel, “Juvenile Delinquency in Perspective,” *History of Education Quarterly* 13, No. 3(1973): 275-282.

美国的社会结构发生巨大变化，青少年犯罪日益严重。基于对青少年身心发展特殊性的认识，改革者们结合其身心特点设计出一些相对特别的司法制度，其中主要包括初期的难民收容所制度、放逐制度、缓刑感化制度、工读学校制度及后来的少年法庭。[①]

一、少年法庭之前对青少年犯罪的惩罚与教育

难民收容所（House of Refuge）出现之前，少年犯和流浪儿童常常被送进成人监狱。1823 年，450 名儿童被关押在纽约的布莱德维尔（Bridewell）监狱和纽盖特（Newgate）监狱，他们唯一的罪过就是住在街上。[②] 难民收容所主要是替代监狱和流浪儿童救济所，看管、收容少年犯和无家可归的流浪儿童、孤儿。1825 年，纽约市建立了第一家难民收容所，这种做法很快被波士顿、费城等大城市效仿。为了防止贫困泛滥，并对那些法庭忽视的青少年进行收容和教育，父母、警察或者城市的高级市政官有权力把有违法行为的青少年安置在难民收容所，直到他们年满 18 周岁或 21 周岁。这些青少年在难民收容所里不仅要接受宗教教育和知识教育，还需要从事大量的军事训练和体力劳动，并被迫进行长时间的静思反省。

1825 年，纽约第一个难民收容所接纳了它的第一批囚犯——6 个男孩和 3 个女孩。该收容所是一个由私人慈善家管理的半公立机构，得到了市政府和州政府的财政支持。它位于城市郊区一个堡垒状的建筑中，在最初四年的运营中收容了 527 名儿童。这些儿童大多数是因流浪

---

① 蔡国芹：《美国未成年人犯罪司法制度的起源与发展》，《青少年犯罪问题》2007 年第 5 期。

② John R. Sutton, *Stubborn Children : Controlling Delinquency in the United States , 1640-1981* (Berkeley: University of California Press, 1988), p. 74.

或小偷小摸而被捕的，并没有很大的过失，因此没有被投进监狱。①

收容所里的生活强调秩序、纪律、规律，孩子们吃着简单的食物，做着常规的工作。尽管收容所的创始人声称收容所是“给没有朋友和不幸的孩子们提供的避难所，而不是给年轻罪犯的监狱”，但其建筑和内部组织类似监狱。收容所里的孩子们戴着徽章，睡在大宿舍里，在集体工作室里劳动，在公共餐厅里安静地吃饭。5点钟，铃声把孩子们叫醒，他们铺床，洗漱，在院子里集合，官员们检查他们的着装和卫生状况。然后，孩子们参加晨祷和学习直到7点。早餐后，孩子们就开始在作坊里劳动，制作钉子、鞋子、柳条椅子，或者洗衣服。一个小时的午餐时间后，他们一直工作到下午5点。晚饭后，他们继续上学，直到8点。品行端正的孩子被允许在无人陪同的情况下外出。管理人员会严厉惩罚不守规矩的孩子，鞭打他们，将他们单独监禁，剥夺他们吃饭的权利，用脚镣和手铐锁住他们；在餐厅里点名批评尿床的孩子。1848年，一位名叫伊莱贾·德沃（Elijah Devoe）的评论家在描述收容所里的生活时写道，“在集合、吃饭和工作时，不允许他们交谈……限制和约束是他们最亲密的伙伴”②。

由于收容对象庞杂、经费困难，难民收容所不得不向企业或者经营者提供童工劳动力，这又继而引发了经营者虐待童工的问题，从而招致批评。此外，难民收容所里不仅有行为不良的青少年，还包括一些未成年的惯犯、累犯。在这些惯犯、累犯的唆使之下，一些行为不

① Seth Rockman, *Welfare Reform in the Early Republic* (Boston: Bedford/St. Martin's, 2002), pp. 85-88.

② John R. Sutton, *Stubborn Children: Controlling Delinquency in the United States, 1640-1981* (Berkeley: University of California Press, 1988), pp. 77, 81; Steven Mintz, *Moralists and Modernizers: America's Pre-Civil War Reformers* (Baltimore: Johns Hopkins University Press, 1995), pp. 90-92.

良的青少年不仅没有改过自新，反而向惯犯学习犯罪。[①] 在这种意义上，收容所不仅没有起到教育、感化问题儿童的作用，反而成了青少年犯罪的聚集地。

难民收容所不仅数量有限，而且对青少年的改造和控制力度有限。针对这些问题，改革者将这些有违法犯罪行为的青少年“放逐”（placing out）至中西部的农场，使他们脱离容易滋生犯罪的城市社会环境，矫正他们在城市中产生的不良行为。改革者认为乡村环境更有利于青少年良好道德品行的养成，能够强调传统的清教主义价值观念。通常情况下，慈善机构的工作人员会将这些青少年带到中西部的农场，让他们跟随主人一起干农活，但这些青少年受到的照顾却不尽相同。有些人家会将他们当作家庭成员一样来照顾和教养，但有的青少年则被迫干重活，甚至遭受虐待。[②]

缓刑感化制度和工读学校制度是 19 世纪后期对违法犯罪的青少年进行惩戒、感化和教育的制度。波士顿鞋匠约翰·奥格斯特（John Augustus）在长期观察法院的审判工作之后，发现并且相信许多青少年并没有罪大恶极，是可以挽救的。在不懈的努力之下，1841 年，奥格斯特获准为一名酗酒的少年进行担保，对其进行缓刑感化。在奥格斯特的监督期间，这名少年有了明显的进步。基于此，法院允许奥格斯特对其他青少年犯人，尤其是年龄较小的少年犯进行缓刑担保。奥格斯特的工作被波士顿的儿童援助社团（Children's Aid Community）及其他儿童福利者继承，1869 年，马萨诸塞州对既成事实的缓刑制度进行了规范，由外请的缓刑工作人员对已承诺弃恶从善的青少年犯人进行监督和考验。青少年犯人在遵纪守法的前提下可获准回家和父母

---

① 戴利尔：《美国未成年人司法制度的发展》，戴宜生译，《青少年犯罪问题》2005 年第 4 期。

② 蔡国芹：《美国未成年人犯罪司法制度的起源与发展》，《青少年犯罪问题》2007 年第 5 期。

一起生活。[①] 到 20 世纪初少年法庭诞生之后，缓刑制度才得到普遍的认可。[②]

19 世纪后期，随着青少年犯人数量的持续增多，难民收容所制度和放逐制度难以持续，市政当局专门为青少年犯人和流浪儿童设立工读学校。这类学校的名称并不完全一致，有“改造学校”（Reform School）、“工业学校”（Industrial School）或“训化学校”（Training School）等多种名称。这类学校融合了学校、监狱和济贫院的功能，试图将犯错的孩子们从城市的道德污染中解救出来，并通过道德教育、祈祷和体力劳动等方式对他们进行改造。这些学校在对青少年犯人进行行为约束的同时，还对他们进行心理治疗并教给他们一些谋生的手艺，为他们顺利进入公立学校做准备，是一种介于教育和惩罚性质之间的特殊学校。[③] 这些工读学校绝大多数坐落于农村，主要是为了使青少年犯人远离容易滋生犯罪的城市生活环境。工读学校分为村舍感化院（Cottage Reformatory）和社会管教所（Institutional Reformatory）两种类型。前者的设置类似家庭生活环境，每个感化院容纳 20—40 名青少年犯人，由类似父母角色的代理人对他们进行监管，对他们进行技能培训和文化教育；而社会管教所则常常人满为患。[④]

很明显，工读学校和收容所面临着同样的纪律问题。严格的管制使被安置在这些机构中的青少年的性格变得“阴暗、孤僻、充满怨恨”。1859 年，在韦斯特堡（Westborough）的马萨诸塞州改造学校

---

① Clemens Bartollas and Stuart J. Miller, *Juvenile Justice in America* (Englewood Cliffs: Regents/Prentice Hall, 1994), p. 136.

② LaMar T. Empey and Mark C. Stafford (eds.), *American Delinquency: Its Meaning and Construction (3rd edition)* (Belmont: Wadsworth, 1991), p. 368.

③ 张福娟、马红英、杜晓新主编《特殊教育史》，华东师范大学出版社，2000，第 144 页。

④ 蔡国芹：《美国未成年人犯罪司法制度的起源与发展》，《青少年犯罪问题》2007 年第 5 期。

(Massachusetts State Reform School) 发生的一场火灾凸显了工读学校生活的阴暗面。在这所只收容男孩的学校里，1 名 15 岁的男孩由于不满工读学校的生活而纵火，相关的 3 名男孩分别以逃跑、殴打管理者和企图纵火的罪名被单独关押在黑暗、通风不良的牢房里数月，只能吃面包和水。[①]

除了有单独看管男孩的工读学校之外，还有专门给女孩设立的工读学校。美国第一所专门给女孩设立的工读学校是位于兰开斯特(Lancaster) 的马萨诸塞州女子工业学校 (Massachusetts State Industrial School for Girls)。最初，大多数女孩都被指控流浪、离家出走或整夜不归。超过半数的女孩是被自己的父母带到法庭上的，这些父母觉得他们的女儿不听话，不把工钱交给家里。这些女孩在工读学校接受宗教教育和家务技能培训，诸如洗盘子、擦地板、洗衣服、擦楼梯等。[②]

在少年法庭出现之前的各种司法制度在不同程度上受到乌托邦式信仰的启发，司法人员希望通过道德教育、工作、严格的纪律和有序的环境向青少年灌输自我控制的观念，消除他们受外部影响而造成的堕落，重塑青少年的性格。然而由于资金不足、人满为患，以及缺乏训练有素的工作人员等原因，这些制度的实施并不成功。在理论上，设置这些机构的目的是给青少年提供一个类似家庭的场所，目标是使用程序化的教育手段来强化青少年的道德品质，用心理约束代替身体约束，利用内疚、羞耻和同情来强化青少年的自我控制能力。随着时间的推移，收容所、工读学校变成了通过体罚的手段对青少年犯人进

① Steven Mintz, *Moralists and Modernizers: America's Pre-Civil War Reformers* (Baltimore: Johns Hopkins University Press, 1995), p. 92.

② Barbara M. Brenzel, *Daughters of the State: A Social Portrait of the First Reform School for Girls in North America* (Cambridge: MIT Press, 1983), pp. 354, 357-359.

行严格监视的机构。[①]

二、少年法庭的惩戒与教育

随着19世纪末应对青少年犯罪问题的机构和方法越来越多样，人们普遍认为收容所、放逐制度、工读学校等都无法达到对青少年犯人进行矫正治疗的目的。儿童福利者认为应该对他们进行更为严厉的管束，并设计出更为完善的法律措施约束他们的行为。[②] 在多种尝试之下，儿童福利者开始倡导通过"少年法庭"（Juvenile Court）对青少年犯人进行管束和矫正。

1882年，青年律师约翰·阿尔特杰德（John Altgeld）参观了芝加哥监狱，看到成百上千的青少年和成年犯人关在一起，其中最小的只有8岁。[③] 后来在阿尔特杰德、简·亚当斯、茱莉亚·莱斯罗普等人的努力下，伊利诺伊州于1899年率先制定《少年法庭法》，并于同年7月在库克县设立世界上第一个少年法庭。在法官、妇女俱乐部等的积极努力和游说之下，1905年，10个州建立少年法庭；1915年，46个州建立少年法庭。[④]

由于当时美国法律和社会观念的限制，被送上少年法庭的青少年并非全都犯有严重的罪行。例如伊利诺伊州1899年规定，只有违反相关条例的青少年才能被送上少年法庭；1901年的修正案又将少年法庭

---

① LeRoy Ashby, *Endangered Children: Dependency, Neglect, and Abuse in American History* (New York: Twayne, 1997), p. 18.

② Anthony M. Platt, *The Child Savers: The Invention of Delinquency* (Chicago: University of Chicago Press, 1969), p. 99.

③ 斯蒂文·A. 德津：《美国的少年法庭》，韩建军译，《青少年犯罪问题》2000年第2期。

④ Joseph M. Hawes, *Children in Urban Society: Juvenile Delinquency in Nineteenth-Century America* (New York: Oxford University Press, 1971), pp. 158-170, 223-246.

的管辖对象增加了 16 岁以下的"闲散少年"或者是那些看起来不可救药的未成年人。[①] 有些州将少年法庭的管辖对象限定于特定的犯罪，还有一些州颁布了比伊利诺伊州更全面的法律。例如 1914 年，加利福尼亚州的少年法庭法允许警察逮捕 21 岁以下的任何青少年，如果他们屡教不改、不听父母的话、逃学、离家出走、与不良同伴交往，或者仅仅因为他们看起来"有可能长大后过着懒散、放荡或不道德的生活"[②]等便进行逮捕。程序上的非正式给了法院更大的自由，传闻也可以作为证据。[③] 在芝加哥少年法庭成立的最初十年，法院处理了许多微小的、定义模糊的犯罪。比如在 11 413 名男孩中，50.8%的男孩被指控偷窃，21.7%的男孩被认为屡教不改，16.2%的男孩被认为是扰乱社会治安。在 2770 名女孩中，42.8%的女孩被认为屡教不改，31.4%的女孩被认为伤风败俗，15%的女孩被指控偷窃。[④]

少年法庭的主要目的是保护青少年，其基本假设并不是把他们当作十恶不赦的罪犯，而是把他们看作需要帮助、教育的孩子。因此，该法庭不实行公开审理，开庭地点可以是传统的法庭，也可以是法官的办公室；审判过程的每个阶段也不必过于程式化，开庭时仅有法官、青少年本人、其父母及曾参与案件讨论的缓刑官员；将成年人的以控辩对抗为主的庭审方式改为非正规的、旨在教育的听证方式；法官以一种慈爱长者和法律权威相结合的形象出现，进行庭审调查的目的在于对青少年进行帮助；整个审理过程禁用侮辱性的语言，法庭记录独立保管、永久保密，以保护青少年免受长期不利影响的损害；在判决

---

① David I. Macleod, *The Age of the Child* (New York: Twayne, 1998), pp. 141-142.

② Mary E. Odem, *Delinquent Daughters: Protecting and Policing Adolescent Female Sexuality in the United States, 1885-1920* (Chapel Hill: University of North Carolina Press, 2000), p. 135

③ David I. Macleod, *The Age of the Child* (New York: Twayne, 1998), p. 142.

④ Sophonisba Preston Breckinridge and Edith Abbott, *The Delinquent Child and the Home* (New York: Russell Sage Foundation, 1917), p. 39.

的时候应更多考虑被告的生活环境及其犯罪成因，而不是他的犯罪行为；法官考虑的重点在于怎样做才能预防此类现象再次发生，而不是重在追究已有行为是否犯法；审理后的处罚方式有着很大的自由量刑空间，既可以予以警告，也可以判处监禁。为了弥补少年法庭上的青少年不能向上级法院上诉的不足，法庭可以请来行为科学家、社会工作者、心理学家到庭协助审判，对青少年予以帮助。① 科罗拉多州少年法庭的著名法官本·林赛（Ben Lindsey）指出，法院将捍卫“神圣的青春期”②。理想的情况是，在组织完整、不受成人刑事审判所需的程序和证据规则限制的少年法庭中，法官会根据每个青少年的情况对他们进行调查，先把他们与成人分开拘留起来。

在少年法庭上，法官对青少年拥有的自由裁量权有着悠久的历史。19 世纪早期与儿童有关的法律的修订促进了自由裁量权的出现。在“受庇护的童年”的影响下，人们普遍认为儿童脆弱、易受伤害，三条法律原则随之诞生，对以后针对青少年的法律实践产生了深远的影响。其一是“儿童的最大利益”（best interests of the child）原则，该原则认为，在涉及监护的任何司法决定中，儿童的福利应是优先考虑的因素。其二是“幼稚期”（tender years）原则，即年幼的孩子最好由母亲照料。其三是“家长权利”（parens patriae）原则，即法院有权凌驾于父母的监护权之上。这些原则都赋予法官广泛的自由裁量权，在他们

---

① 戴利尔：《美国未成年人司法制度的发展》，戴宜生译，《青少年犯罪问题》2005 年第 4 期；Clemens Bartollas and Stuart J. Miller, *Juvenile Justice in America* (Englewood Cliffs: Regents/Prentice Hall, 1994), p. 92；斯蒂文·A. 德津：《美国的少年法庭》，韩建军译，《青少年犯罪问题》2000 年第 2 期；LaMar T. Empey and Mark C. Stafford (eds.), *American Delinquency: Its Meaning and Construction (3rd edition)* (Belmont: Wadsworth, 1991), pp. 58-59.

② Eric C. Schneider, *In the Web of Class: Delinquents and Reformers in Boston, 1810s-1930s* (New York: New York University Press, 1992), p. 166.

认为合适的情况下授予父母监护权。[①] 在19世纪，教养院的立法者为被监禁的青少年犯人量刑时，也常常有立法机构赋予的广泛的自由裁量权，将受抚养的儿童、少年犯和“有前科”的青少年监禁在教养院。

少年法庭对16周岁以下的青少年案件享有广泛的管辖权，无论是青少年犯人还是行为失范的弃儿都属于少年法庭的管辖范围。为那些受虐待、受忽视或重组家庭的儿童提供必要的法律帮助，也是少年法庭的工作内容之一。简·亚当斯认为少年法庭的建立是儿童史上的一个里程碑，“当少年法庭成立时，人们的道德观念几乎发生了变化……孩子被带到法官面前，没有人起诉他，也没有人为他辩护……冲突的因素被完全消除了，所有惩罚的概念也完全消除了”[②]。少年法庭的运行机制还起到了降低监禁成本的作用。丹佛的少年法庭声称，通过减少监狱的任务，少年法庭在18个月内为州政府节省了8.8万美元。[③]

少年法庭的管理对象很少涉及农村青少年，西弗吉尼亚州一位兼职的农村缓刑官对此的解释是，“农村男孩不得不努力劳作，所以他们身体疲累，没力气捣乱”[④]。事实上，农村青少年犯罪少，是因为那里很少有少年法庭将这些不良行为识别并标记为犯罪。

在对待不同性别的青少年时，少年法庭持不同的态度。1907年，伊利诺伊州少年法庭将男孩的管辖年龄从16岁延长到17岁，将女孩的管辖年龄延长到18岁；加利福尼亚州甚至将女孩年龄延长至21岁。[⑤]

---

① LeRoy Ashby, *Endangered Children: Dependency, Neglect, and Abuse in American History* (New York: Twayne, 1997), p. 236.

② Robert Mennel, "Juvenile Delinquency in Perspective," *History of Education Quarterly* 13, No. 3(1973): 275-282.

③ John R. Sutton, *Stubborn Children: Controlling Delinquency in the United States, 1640-1981* (Berkeley: University of California Press, 1988), p. 135.

④ National Child Labor Committee, *Rural Child Welfare* (New York: The Macmillan Company, 1912), p. 231.

⑤ David I. Macleod, *The Age of the Child* (New York: Twayne, 1998), p. 144.

在芝加哥少年法庭成立的最初十年里，被送上少年法庭的青少年中，有 33.4%的男孩及 10.3%的女孩是 12 岁或 12 岁以下的；相反，38.5%的女孩和 9.8%的男孩是 16 岁或以上的。① 在 1920 年的洛杉矶，因为一名 17 岁男孩的继母“像对待小孩一样对待他”，少年法庭站在这个男孩的一边；但对于同样年龄的女孩，少年法庭给出了相反的意见。②

总的来说，在少年法庭上出现的女孩比男孩要少，但几乎所有被指控道德犯罪的青少年都是女孩。一项调查统计了芝加哥少年法庭成立头十年审理的案件，发现被送上少年法庭的男孩中有 59%被送回家，由缓刑官监督，只有 21%的男孩被送到了收容机构。而女孩则相反，超过一半（51%）的女孩被送进了收容机构，只有 37%的女孩被留校察看。少年法庭的统计数据表明，事实上，女孩比男孩更有可能被送进监狱，缓刑的可能性更小。在美国南部和西部的其他城市，包括孟菲斯、洛杉矶和密尔沃基，也有类似的报道。③

这些女孩被送上少年法庭的渠道和原因多种多样。27%的女孩是被执法人员，通常是女警察送去的；25%的女孩是由学校（包括校长、教师和出勤员等）、社会福利机构和个人送去的。近一半（47%）的案件是由女孩的父母、监护人或亲属主动提出的。81%的女孩因为道德犯罪或性犯罪而被捕，其中大多数女孩（63%）被指控“性犯罪”。另外 18%的女孩被指控出现不良行为，法官担心会导致性犯罪，比如在

① Sophonisba Preston Breckinridge and Edith Abbott, *The Delinquent Child and the Home*(New York: Russell Sage Foundation, 1917), p. 26.

② Mary E. Odem, *Delinquent Daughters : Protecting and Policing Adolescent Female Sexuality in the United States , 1885-1920*(Chapel Hill: University of North Carolina Press, 2000), p. 177.

③ Mary E. Odem, *Delinquent Daughters : Protecting and Policing Adolescent Female Sexuality in the United States , 1885-1920*(Chapel Hill: University of North Carolina Press, 2000), p. 115.

无人陪同的情况下去舞厅和咖啡馆，喝酒，调情，回家太晚，或穿着不得体。例如一名校长向少年法庭报告该校某女学生坚持穿紧身裙、高跟鞋和丝袜，还梳着学校不允许的发型。①

直至 1925 年，美国绝大部分的州都建立了少年法庭。少年法庭挽救和教育了不少青少年，大大降低了他们被直接送进监狱的概率。以伊利诺伊州库克县为例，在《少年法庭法》出台的两年前，超过 1700 名青少年被送进成人监狱；而在该法律通过的最初两年，只有 60 名青少年被送进监狱。② 然而，少年法庭在美国青少年成长过程中的影响也不能被一味夸大。据儿童局的统计，1918 年美国总共有 175 000 个有关青少年的法庭判例，也就是说，每 100 个青少年中就有 1 人出现了某些问题。另外，生活在城市下层的青少年频繁地出现在少年法庭上，负担过重的缓刑官也没有办法真正控制得住他们。③ 总的来说，少年法庭为教育和挽救青少年做出了重要贡献，但其效果也有局限性，不能一味夸大。

---

① Mary E. Odem, *Delinquent Daughters : Protecting and Policing Adolescent Female Sexuality in the United States , 1885-1920* (Chapel Hill: University of North Carolina Press, 2000), pp. 135-36.

② A. M. Knupfer, *Reform and Resistance : Gender , Delinquency , and America's First Juvenile Court* (New York: Routledge, 2013), pp. 185-202.

③ David I. Macleod, *The Age of the Child* (New York: Twayne, 1998), p. 144.

结　语

在进步主义时代的美国，通过教育的手段和途径进行的儿童福利改善数量多、范围广，涉及的领域远远不止本书提及的健康、发展和权利三个方面。其他的举措也与进步主义时代儿童观的转变、工业化社会中严峻的“儿童问题”有着密切的关联，对美国教育的发展产生了重要的影响。

一、进步主义时代美国儿童福利改善语境下的“教育与儿童”

可以说，自从教育活动开始在人类社会中出现，教育与儿童之间就产生了不可分割的关系。在进步主义时代的美国，在儿童观剧烈变革的背景下，儿童福利改善中教育与儿童的关系体现了教育观念从传统到进步之间的过渡，成为教育发展过程中不可忽视的关键节点。

一方面，随着儿童观的变革，在进步主义时代美国的儿童福利改善中，教育开始考虑儿童的兴趣、爱好、身心发展规律，与进步主义教育的诸多要旨一脉相承。虽然 18 世纪美国主流的儿童观变得温和，但美国人仍然没有在教育过程中充分意识到儿童的地位，学校里“只讲述一些基本的原理”，教师“知识贫乏，忽视教学方法，机械、乏味、毫无感情”“只强调死记硬背和重复训练、体罚”，认为学习的基础就是学生要服从教师。[①] 从现代教育学的立场和观点上来说，18 世纪美国的教育可以说是“几乎不存在”[②]。随着儿童研究运动的发展，“受庇护的童年”“完整儿童”“儿童是救世主”的观念强化了儿童福利改善的可能性、必要性和紧迫性，人们认为儿童天真无邪、具有极大的可塑性，应该无忧无虑地玩耍、学习，对那些营养不良、成绩落后、早早辍学、四处流浪、进工厂做工的儿童充满怜悯之情，对他们的福利救助与教育改善包含了人道主义精神。[③] 这种人道主义精神在进步主义教育中得到了延续。进步主义教育主张将儿童置于教育活动的中心地位，强调儿童生长和发展的整体性、连续性，要求在教育过程中注重儿童各方面能力和力量的协调发展，将身体发展看作儿童一切发展的基础。[④] 由此可以看出，进步主义时代美国的儿童福利改善与进步主义教育一脉相承。

另一方面，在进步主义时代的美国儿童福利改善中，教育仍然没有摆脱传统教育的窠臼，对儿童仍然存在压制、规训，教育的工具性仍有体现。例如游戏组织者设置游戏场的初衷并非是希望丰富儿童的游乐设施，而是希望儿童不在街头乱跑，同时能够在有组织的游戏中培养儿童良好的道德品质。再例如，强迫入学法案的推广不仅是为防止儿童进入工厂，更重要的是为工业社会培养具有一定知识和文化的劳动力，为这些儿童长大后更好地进入工业社会做准备。因此，进步

① Peter Rillero, "The Enlightenment Revolution: A Historical Study of Positive Change through Science Teacher Education," *Journal of Science Teacher Education* 4, No. 2(1993): 37-43.

② K. Silber, *Pestalozzi : The Man and His Work* (London: Routledge and Kegan Paul, 1976), p. 307.

③ Ronald D. Cohen, "Child-Saving and Progressivism, 1885-1915", in *American Childhood : A Research Guide and Historical Handbook*, eds. M. H. Joseph and N. R. Hiner (Westport, CT: Greenwood Press, 1985), pp. 273-310.

④ 张斌贤：《“世纪难题”：什么是进步主义教育》，《教育研究》2020 年第 1 期。

主义时代的美国儿童福利改善也体现出教育对儿童的控制。[①]

二、现代语境下教育与儿童关系的异化

现代教育学是追随儿童的教育学，是以儿童为前提、为基础的教育学；儿童是现代形态的教育学的起点、目的和本位。[②] 从根本上来说，教育与儿童的关系反映了成人社会与儿童的关系。教育与儿童关系的转变与诸多因素息息相关，其中主要包括整个社会的全面进步、生产力的迅速发展、思想文化的不断更迭、获取信息的渠道飞速拓展、儿童身心成熟与智力发展的加快、知识面更宽、思想更加活跃等等。在这种情况下，反思并清楚认识“教育与儿童的关系”成为当前社会展开教育工作的前提与基础。

在现代社会中，教育对儿童不再是简单的规训，儿童也不再仅仅是“被教育”的对象，儿童的兴趣、需要、爱好被进一步的发现和关注。然而，现代社会中教育与儿童之间的关系却出现了异化。这一问题表现在多个方面，其中最重要的一点就是在现代社会“育儿焦虑”的影响下，成人以爱的名义和竞争的旗号行塑造儿童之实。这种现象不仅存在已久，而且在当下中国社会有愈演愈烈之势。2013 年，《中国教育报》上刊登的一篇文章经过对全国 12 个城市 3—6 岁儿童参加课外兴趣班的情况进行调查发现，高达 65.6%的学龄前城市儿童参加了兴

---

① Ronald D. Cohen, “Child-Saving and Progressivism, 1885-1915”, in *American Childhood : A Research Guide and Historical Handbook* , eds. M. H. Joseph and N. R. Hiner (Westport, CT: Greenwood Press, 1985), pp. 273-310.

② 刘晓东：《儿童是什么——儿童“所是”之多维描述》，《湖南师范大学教育科学学报》2020 年第 4 期。

趣班。[1] 2019年，《儿童蓝皮书：中国儿童发展报告》通过对全国10个城市和农村的共14 874名幼儿园、小学和初中阶段的3—15岁儿童（或其家长）的调查发现，校外教育已趋于日常化，每个儿童在课外兴趣班方面平均年花费9211元，占到父母年收入的12.84%。[2] 仅就学前儿童参与兴趣班的内容方面来说，绘画、舞蹈、乐器、英语、思维训练成为学前儿童参与人数最多的五类兴趣班。[3] 随着计算机科学的发展，编程作为一种新的少儿兴趣班逐渐兴起并风靡一时，受到越来越多家长的青睐。

尽管各级教育主管部门多次发出通知，大力整顿和规范校外教育培训市场、减轻青少年儿童的培训负担，但大多数家长并不照做。这些家长的论调往往是，“别人孩子会的，我的孩子也必须要会”！基于对孩子未来可能面对的学业压力、竞争压力的担忧，家长希望自己的孩子“赢在起跑线上”，甚至“赢在子宫里”。网络上还有图片这样调侃：一名刚刚出生的婴儿正在熟睡，身上被放置一块牌子，写着“距离高考还有6570天”。2019年的一份调查显示，新生代父母（80后、90后成为父母的一代人）中有50.98%的人认为自己有“育儿焦虑”，19.61%的人则选择了“不确定”；新生代父母“育儿焦虑”中占比较高的选项分别是“食品安全方面”（31.37%）、“身心健康成长方面”（58.82%）和“教育方面”35.29%。[4]

在各类校外培训辅导班、兴趣班如火如荼的发展之下，一种影响

---

① 易凌云：《超六成学龄前城市儿童参加兴趣班》，《中国教育报》2013年7月29日，第3版。

② 苑立新：《儿童蓝皮书：中国儿童发展报告（2019）——儿童校外生活状况》，社会科学文献出版社，2019，第1、79页。

③ 易凌云：《超六成学龄前城市儿童参加兴趣班》，《中国教育报》2013年7月29日，第3版。

④ 谢宁歌：《50.98%的父母认为自己有“育儿焦虑”》，《时代邮刊》2019年第6期。

巨大的“儿童消费文化”形成。这种文化迎合了多数家长的育儿焦虑，强化了儿童对校外各类辅导班和兴趣班的依赖，最终使本来可有可无的校外教育服务产品变成了极富工具理性和情感价值的家庭生活必需品。① 在家长的殷切期盼和不断催促中，儿童将课余时间用于课外培训和应试训练，体重超标、眼睛近视、自理能力差，严重缺乏户外活动和体育锻炼。如果儿童对这种强加的教育培训表示反感，常常会被家长苦口婆心的说教或者进行类似“都是为了你好”的道德绑架。这样的兴趣班体现的不再单纯是儿童的兴趣，而是家长对儿童可能面临的学业压力、竞争压力的焦虑。这种焦虑之下的教育对儿童不再单纯是一种保护和提升，更多的是塑造、束缚、控制与戕害。

三、现代语境下教育与儿童关系的重建

由于教育与儿童的关系从本质上来说反映的是成人社会与儿童的关系，教育与儿童关系异化的成因涉及全社会的诸多方面。

其中最关键的原因在于，成人，尤其是家长在儿童教育中存在诸多思想误区。比如家长对儿童实施的教育总是走向极端，要么听之任之、放任自流，要么管控过严、压制孩子的成长。

从根本上来说，处理好教育与儿童之间关系的关键取决于成人的态度和做法，既包括思想层面也包括制度层面。卢梭在《爱弥儿》中指出，“我们生来是软弱的，所以我们需要力量；我们生来是一无所有的，所以需要帮助；我们生来是愚昧的，所以需要判断的能力。我们在出生的时候所没有的东西，我们在长大的时候所需要的东西，全都要由教育赐予我们”②。

---

① 林晓珊：《“购买希望”：城镇家庭中的儿童教育消费》，《社会学研究》2018年第4期。

② 卢梭：《爱弥儿》（上卷），李平沤译，商务印书馆，1978，第7页。

在倡导全民学习、终身教育的学习型社会中，儿童比以往任何一个时代都更需要接受教育。儿童的身体仍在成长、思想不够成熟、思维仍不定型，依然需要通过教育获得知识和能力，依然需要教育者的引导和帮助，依然需要成人和全社会的保护。这就需要教育者以更大的耐心、更专业的知识和素养、更强的责任心去教育儿童，在充分考虑时代特点及当代儿童特征的前提下对他们进行教育。既不能对孩子的成长完全放任自流，也不能管控过严，剥夺孩子的自由和选择的权利。

要知道，“教育既是一门科学，也是一门艺术”①。教育儿童并没有一个固定、标准的模式，对某个孩子适用的教育方法，对另一个孩子来说可能就完全没用。因此，刻意地去寻找一个放之四海而皆准的教育万能方法可以说是幻想。家长既需要在人格上尊重儿童，和儿童平等的交流、及时的沟通，多听听孩子的想法和意见，又需要培养儿童良好的品质和习惯，比如毅力、抗挫折能力、自理能力、遵守社会公德、社会交往能力等，更需要培养儿童高尚的品德、创新的思维、健康的体魄、良好的审美、劳动的习惯。这样的孩子才是体格强健、精神刚健的人，才是有文化修养、人文关怀的人，才是有创造活力、人格魅力的人。②

---

① 约翰·杜威：《杜威全集：晚期著作（1925—1953）》（第5卷1929—1930），孙有中等译，华东师范大学出版社，2015，第3、5页。

② 人民日报评论部：《以综合素养书写精彩人生——如何培养社会主义建设者和接班人》，《人民日报》2018年9月25日，第05版。

参考文献

一、中文文献

(一) 图书

[1] 韦布. 美国教育史：一场伟大的美国实验［M］. 陈露茜，李朝阳，译. 合肥：安徽教育出版社，2010.

[2] 林克，卡顿. 一九〇〇年以来的美国史（上册）［M］. 刘绪贻，王锦瑭，李世洞，等译. 北京：中国社会科学出版社，1983.

[3] 戴建兵. 新时期中国适度普惠型儿童社会福利制度建设研究［M］. 上海：上海科学普及出版社，2016.

[4] 费穗宇，张潘仕. 社会心理学辞典［M］. 石家庄：河北人民出版社，1988.

[5] 阿利埃斯. 儿童的世纪：旧制度下的儿童和家庭生活［M］. 沈坚，朱晓罕，译. 北京：北京大学出版社，2013.

[6] 高申春. 心灵的适应——机能心理学［M］. 济南：山东教育出版社，2009.

[7] 郭法奇，等. 欧美儿童研究运动：历史、比较及影响［M］. 北京：北京师范大学出版社，2012.

[8] 克伯莱. 美国公共教育：关于美国教育史的研究和阐释［M］. 陈露茜，译. 合肥：安徽教育出版社，2012.

［9］克雷明．美国教育史 3：城市化时期的历程（1876—1980）［M］．朱旭东，王保星，张驰，等译．北京：北京师范大学出版社，2002.

［10］克雷明．学校的变革［M］．单中惠，马晓斌，译．济南：山东教育出版社，2009.

［11］卢梭．爱弥儿：上卷［M］．李平沤，译．北京：商务印书馆，1978.

［12］斯普林．美国学校：教育传统与变革［M］．史静寰，姚运标，张宏，等译．北京：人民教育出版社，2010.

［13］沈晓明，王卫平．儿科学：第 7 版［M］．北京：人民卫生出版社，2012.

［14］苑立新．儿童蓝皮书：中国儿童发展报告（2019）——儿童校外生活状况［M］．北京：社会科学文献出版社，2019.

［15］杜威．杜威全集：晚期著作（1925—1953）：第 5 卷（1929—1930）［M］．孙有中，战晓峰，查敏，译．上海：华东师范大学出版社，2015.

［16］张斌贤，等．美国教育改革：1890—1920 年［M］．北京：中国人民大学出版社，2019.

［17］张福娟，马红英，杜晓新．特殊教育史［M］．上海：华东师范大学出版社，2000.

［18］中国社会科学院语言研究所词典编辑室．现代汉语词典（第 6 版）［M］．北京：商务印书馆，2012.

［19］周采．美国教育史学：嬗变与超越［M］．北京：人民教育出版社，2006.

（二）期刊与报纸

［1］蔡国芹．美国未成年人犯罪司法制度的起源与发展［J］．青少年犯罪问题，2007（5）：60-65.

［2］曹春平，祝贺．美国全面实施特殊教育的起点——米尔斯诉哥伦比亚地区教育委员会案（1972）［J］．教育科学研究，2017（1）：88-93.

［3］戴利尔．美国未成年人司法制度的发展［J］．戴宜生，译．青少年犯罪问题，2005（4）：14-18.

［4］德津．美国少年法庭百年风雨［J］．韩建军，译．国外社会科学文摘，2000（5）：41-43.

［5］郭法奇．儿童教育史研究：价值、特点及设想［J］．天津师范大学学报（社会科学版），2009（2）：77-80.

［6］德津．美国的少年法庭［J］．韩建军，译．青少年犯罪问题，2000（2）：62-64.

［7］林晓珊．“购买希望”：城镇家庭中的儿童教育消费［J］．社会学研究，2018，33（4）：163-190，245.

［8］刘晓东．儿童是什么——儿童“所是”之多维描述［J］．湖南师范大学教育科学学报，2020，19（4）：20-34.

［9］陆士桢，常晶晶．简论儿童福利和儿童福利政策［J］．中国青年政治学院学报，2003（1）：1-6.

［10］人民日报评论部．以综合素养书写精彩人生——如何培养社会主义建设者和接班人［N］．人民日报，2018-9-25（5）.

［11］王金虎．论美国城市的定居救助之家运动［J］．河南大学学报（社会科学版），2000（3）：55-59.

［12］吴婵．19 世纪末 20 世纪初美国强制入学运动研究［J］．教育学报，2021（2）：179-194.

［13］肖非．美国特殊教育立法的发展——历史的视角［J］．中国特殊教育，2004（3）：93-96.

［14］谢宁歌．50.98％的父母认为自己有“育儿焦虑”［J］．时代邮刊，2019（6）：15.

[15] 易凌云. 超六成学龄前城市儿童参加兴趣班 [N]. 中国教育报，2013-07-29 (3).

[16] 张斌贤，王蓝慧，祝贺. “完整儿童”观念在美国的早期演变 [J]. 比较教育研究，2020，42 (11)：35-44.

[17] 张斌贤. “世纪难题”：什么是进步主义教育 [J]. 教育研究，2020，41 (1)：61-74.

[18] 张淑华. 简·亚当斯“拯救儿童”的思想与实践初探 [J]. 社科纵横，2014，29 (12)：102-106.

[19] 祝贺. 美国游戏场运动的产生与发展 (1880—1920) [J]. 外国教育研究，2018，45 (2)：55-66.

(三) 学位论文

[1] 黄建辉. 公平与卓越的追求：美国特殊教育发展与变革研究 [D]. 福州：福建师范大学，2015.

[2] 李国庆. 现代欧美教育科学化运动的一个基石——儿童研究运动之研究 [D]. 南京：南京师范大学，2006.

二、英文文献

(一) 专著

[1] ADDAMS J. Twenty years at hull house: with autobiographical notes[M]. New York: The Macmillan Company, 1910.

[2] ALLISON A W, BARROWS H, BLAKE C R, et al. The Norton anthology of poetry[M]. New York: Norton, 1983.

[3] ASHBY L. Endangered children: dependency, neglect, and abuse in American history[M]. New York: Twayne, 1997.

[4] AYRES L P, AYRES M. School buildings and equipment[M]. Cleveland: The Survey Committee of the Cleveland Foundation, 1916.

[5] BAKER S J. Fighting for life[M]. New York: The Macmillan Company, 1939.

[6] BALDWIN W A. Industrial-Social education[M]. Springfield: Milton Bradley Company, 1907.

[7] BARTOLLAS C, MILLER S J. Juvenile justice in America [M]. Englewood Cliffs: Regents/Prentice Hall, 1994.

[8] BEATTY B. Preschool education in America: the culture of young children from the Colonial Era to the present[M]. New Haven: Yale University Press, 1995.

[9] BEER E S. Working mothers and the day nursery[M]. New York: Whiteside and Morrow, 1957.

[10] BLOOM L Z. Doctor spock: biography of a conservative radical [M]. Indianapolis: The Bobbs-Merrill Company, 1972.

[11] BOHM R M, HALEY K N. Introduction to criminal justice [M]. Dubuque: McGraw-Hill Education, 2017.

[12] BOWERS W. The Country Life Movement in America, 1900-1920[M]. Port Washington: Kennikat Press, 1974.

[13] BRADBURY D E. Four decades of action for children: a history of the Children's Bureau[M]. Washington, D. C. : Children's Bureau, 1956.

[14] BRADLEY F S, WILLIAMSON M A. Rural children in selected counties of North Carolina[M]. Washington, D. C. : U. S. Government Printing Office, 1912.

[15] BRECKINRIDGE S P, ABBOTT E. The delinquent child and the home[M]. New York: Russell Sage Foundation, 1917.

[16] BREMNER R. Children and youth in America: a documentary history[M]. Vol. 2. Cambridge: Harvard University Press, 1970.

[17] BREMNER R H. From the depths: the discovery of poverty in

the United States[M]. New York:New York University Press,1956.

[18] BRENZEL B M. Daughters of the state:a social portrait of the first reform school for girls in North America[M]. Cambridge:MIT Press,1983.

[19] BRYANT L S. School feeding:its history and practice at home and abroad[M]. Philadelphia:J. B. Lippincott Company,1913.

[20] BUCKLER H. WO-HE-LO:The history of Camp Fire Girls,1910-1960[M]. New York:Holt,Rinehart and Winston,1961.

[21] CAHAN E D. Past caring:a history of U. S. preschool care and education for the poor,1820-1965[M]. New York:National Center for Children in Poverty,Columbia University,1989.

[22] CAVALLO D. Muscles and morals:organized playgrounds and urban reform,1880-1920[M]. Philadelphia:University of Pennsylvania Press,1981.

[23] Children's Bureau. The story of the white house conferences on children and youth[M]. Washington,D. C. :Children's Bureau,1967.

[24] Children's Bureau. The Children's Bureau legacy:ensuring the right to childhood[M]. Washington,D. C. :U. S. Department of Health & Human Services,2012.

[25] CLEMENT P F. Growing pains:children in the Industrial Age,1850-1890[M]. New York:Twayne,1997.

[26] COLLIER J,BARROWS E M. The city where crime is play [M]. New York:The People's Institute,1914.

[27] COSTIN L B,KARGER H J,STOESZ D. The politics of child abuse in America[M]. New York:Oxford University Press,1997.

[28] CURTIS H. Education through play[M]. New York:The Macmillan Company,1915.

[29] CURTIS H. The Play Movement and its significance[M]. New York: The Macmillan Company, 1917.

[30] CURTIS H. The practical conduct of play[M]. New York: The Macmillan Company, 1915.

[31] DAVIDSON E H. Child labor legislation in the southern textile states[M]. Chapel Hill: University of North Carolina Press, 1939.

[32] DAVIES S P. Social control of the mentally deficient[M]. New York: Thomas Y. Crowell Company, 1930.

[33] DAVIS A F. Spearheads for reform: the social settlements and the Progressive Movement, 1890-1914[M]. New York: Oxford University Press, 1967.

[34] DAVIS B M. School gardens for California schools: a manual for teachers[M]. Sacramento: W. W. Shannon, Superintendent State Printing, 1905.

[35] DAVIS P. Street-land: its little people and big problems[M]. Boston: Small, Maynard & Company, 1915.

[36] DORGAN E J. Luther Halsey Gulick, 1865-1918[M]. New York: Teachers College, Columbia University, 1934.

[37] DUCHARME C C. The concept of the child: 1890-1940[M]. Long Beach: California State University, 1995.

[38] DURGIN S H. Medical inspection of schools[M]. Boston: Press of David Clapp & Son, 1897.

[39] EDWARDS N. The courts and the public schools: the legal basis of school organization and administration[M]. Chicago: University of Chicago Press, 1933.

[40] EMPEY L T, STAFFORD M C. American delinquency: its meaning and construction[M]. 3rd ed. Belmont, CA: Wadsworth, 1991.

[41] ENSIGN F C. Compulsory school attendance and child labor [M]. Iowa City: The Athens Press, 1921.

[42] FROEBEL F. The education of man[M]. W N Hailmann, trans. New York: D. Appleton and Co. , 1901.

[43] FROST J L. A history of children's play and play environments: toward a contemporary Child-Saving Movement[M]. New York: Routledge, 2010.

[44] GALISHOFF S. Safeguarding the public health: Newark, 1895-1918[M]. Westport: Greenwood Press, 1975.

[45] GESELL A L. Exceptional children and public school policy: including a mental survey of the New Haven Elementary School[M]. New Haven: Yale University Press, 1921.

[46] GESELL A L, GESELL B C. The normal child and primary education[M]. Boston: Ginn, 1912.

[47] GOLD K M. School's in: the history of summer education and American public schools[M]. New York: P. Lang, 2002.

[48] GOLD M. Jews without money[M]. New York: Carroll & Graf Publishers, 1930.

[49] GREENE M L. Among school gardens[M]. New York: Charities Publication Committee, 1910.

[50] GSUSA. Scouting for girls: official handbook of the Girl Scouts [M]. New York: The Girl Scouts, Inc, 1920.

[51] GULICK L H. A philosophy of play[M]. New York: C. Scribner's Sons, 1920.

[52] GULICK L H, AYRES L P. Medical inspection of schools [M]. New York: Survey Associates, Inc. , 1913.

[53] GULICK L H. Wapa i: Camp Fire Girls and the new relation

of women to the world[M]. New York:Camp Fire,1912.

[54] GUNDERSON G W. The national school lunch program: background and development[M]. New York: Nova Science Publishers, 2003.

[55] HALL G S. The Contents of children's minds on entering school[M]. New York and Chicago: E. L. ,Kellogg & Co. ,1893.

[56] HAMILTON S W, HABER R. Summaries of state laws relating to the feebleminded and the epileptic[M]. New York: National committee for mental hygiene, Incorporated, 1918.

[57] HARDY L. The diary of a free kindergarten[M]. Boston and New York: Houghton Mifflin, 1913.

[58] HAWES J M. Children in urban society: juvenile delinquency in nineteenth-century America[M]. New York: Oxford University Press, 1971.

[59] HINDMAN H D. Child labor: an American history[M]. Armonk: M. E. Sharpe, 2002.

[60] HOLT L E. The care and feeding of children: a catechism for the use of mothers and children's nurses[M]. New York: C. Appleton and Company, 1894.

[61] HOWARD F E. Mental health: its principles and practice with emphasis on the treatment of mental deviations[M]. New York: Harper and Brothers, 1935.

[62] HUGHES G S. Mothers in industry: wage-earning by mothers in Philadelphia[M]. New York: New Republic, Inc. , 1925.

[63] HUNTER R. Poverty[M]. New York: The Macmillan Company, 1912.

[64] JAMES H. The American scene[M]. New York: Harper, 1907.

[65] JAMES W. Talks to teachers on psychology, and to students on some of life's ideals[M]. New York: Henry Holt and Company, 1910.

[66] JETER H R, WRIGHT H R. Children of wage-earning mothers: a study of a selected group in Chicago[M]. Washington, D. C.: Government Printing Office, 1922.

[67] JOHNSON H M. The visiting teacher in New York City[M]. New York: Public Education Association, 1916.

[68] JOSEPH M H, HINER N R. American childhood: a research guide and historical handbook[M]. Westport: Greenwood Press, 1985.

[69] KATZ M B. In the shadow of the poorhouse: a social history of welfare in America[M]. New York: Basic Books, 1996.

[70] KLAUS A. Every child a lion: the origins of maternal and infant health policy in the United States and France, 1890-1920[M]. Ithaca: Cornell University Press, 1993.

[71] KODE K. Elizabeth Farrell and the history of special education [M]. Reston, VA: Council for Exceptional Children, 2002.

[72] LADD-TAYLOR M. Raising a gaby the government way: mothers' letters to the Children's Bureau, 1915-1932[M]. New Brunswick: Rutgers University Press, 1986.

[73] LARCOM L. A new England girlhood[M]. Boston: Houghton Mifflin, 1889.

[74] MERO E B. American playgrounds: their construction, equipment, maintenance and utility[M]. Boston: Baker & Taylor, 1909.

[75] LEE J. Constructive and preventive philanthropy[M]. New York: The Macmillan Company, 1902.

[76] LEVINE S. School lunch politics[M]. Princeton: Princeton University Press, 2008.

[77] LINDENMEYER K. A right to childhood: the U. S. Children's Bureau and child welfare, 1912-1946[M]. Chicago: University of Illinois Press, 1997.

[78] LOW J G. How girls can help their country[M]. New York: Girl Scout of the USA, 1916.

[79] MACLEOD D I. Building character in the American boy: the Boy Scouts, YMCA, and their forerunners, 1870-1920 [M]. Madison: University of Wisconsin Press, 1983.

[80] MACLEOD D I. The age of the child: children in America, 1890-1920[M]. New York: Twayne, 1998.

[81] MARTEN J. Childhood and child welfare in the Progressive Era: a brief history with documents[M]. Boston: Bedford/St. Martin's, 2004.

[82] MECKEL R A. Save the babies: American public health reform and the prevention of infant mortality, 1850-1929 [M]. Ann Arbor: University of Michigan Press, 1998.

[83] MILLER S A. Growing girls: the natural origins of girls' organizations in America[M]. New Brunswick: Rutgers University Press, 2007.

[84] MINTZ S. Huck's raft: A history of American childhood[M]. Cambridge: Harvard University Press, 2004.

[85] MINTZ S. Moralists and modernizers: America's pre-Civil War reformers[M]. Baltimore: Johns Hopkins University Press, 1995.

[86] MONROE P. A cyclopedia of education [M]. Vol. 3. New York: Macmilian, 1912.

[87] MONROE P. A cyclopedia of education [M]. Vol. 5. New York: Macmilian, 1913.

[88] Mosby, Inc. Mosby's dictionary of medicine, nursing & health professions[M]. New York: Elsevier Health Sciences, 2013.

[89] MUNCY R. Creating a female dominion in American reform, 1890-1935[M]. New York: Oxford University Press, 1994.

[90] MURRAY W D. The history of the boy scouts of America [M]. New York: Boy Scouts of America, 1937.

[91] NASAW D. Children of the city, at work and at play[M]. New York: Anchor Books, 1985.

[92] National Child Labor Committee. Rural child welfare[M]. New York: The Macmillan Company, 1912.

[93] NEARING S. The solution of the child labor problem[M]. New York: Moffat, Yard and Company, 1913.

[94] ODEM M E. Delinquent daughters: protecting and policing adolescent female sexuality in the United States, 1885-1920[M]. Chapel Hill: University of North Carolina Press, 2000.

[95] OSGOODR L. The history of special education: a struggle for equality in American public schools[M]. Westport: Praeger Publishers Inc, 2007.

[96] PARSONS H G. Children's gardens for pleasure, health and education[M]. New York: Sturgis & Walton Company, 1912.

[97] PERRY C A. Wider use of the school plant[M]. New York: Charities Publication Committee, 1910.

[98] PLATT A M. The child savers: the invention of delinquency [M]. Chicago: University of Chicago Press, 1969.

[99] PRESTON S H, HAINES MR. Fatal years: child mortality in late nineteenth-century America[M]. Princeton: Princeton University Press, 1991.

[100] RAINWATER C E. The Play Movement in the United States: a study of community recreation[M]. Chicago: University of Chicago Press, 1922.

[101] RAVAGE M E. An American in the making: the life story of an immigrant[M]. New York: Harper & Brothers, 1917.

[102] RAVITCH D. The great school wars[M]. New York: Basic Books, 1974.

[103] REESE W J. Power and the promise of school reform[M]. New York: Teachers College, Columbia University, 2002.

[104] RIIS J. How the other half lives: studies among the tenements of New York[M]. New York: Charles Scribner's sons, 1890.

[105] ROCKMAN S. Welfare reform in the early republic[M]. Boston: Bedford/St. Martin's, 2002.

[106] ROSENBERG C M. Child labor in America: a history[M]. Jefferson: McFarland, 2013.

[107] ROSKOLENKO H. The time that was then: the lower east side, 1900-1914[M]. New York: Dial Press, 1971.

[108] RUGG H, SHUMAKER A. The child-centered school: an appraisal of the new education[M]. New York: World Book Company, 1928.

[109] SAPIRO M S. Child's garden: the Kindergarten Movement from Froebel to Dewey[M]. University Park: Pennsylvania State University Press, 1983.

[110] SCHMITT P. Back to nature[M]. Baltimore: Johns Hopkins University Press, 1969.

[111] SCHNEIDER E A. In the web of class: delinquents and reformers in Boston, 1810s-1930s[M]. New York: New York University Press,

1992.

[112] SMEDLEY E. The school lunch: its organization and management in Philadelphia[M]. Media: Emma Smedley, 1920.

[113] SMUTS A B. Science in the service of children, 1893-1935 [M]. New Haven: Yale University Press, 2006.

[114] SPARGO J. The bitter cry of the children, 1876-1966[M]. London: The Macmillan Company, 1906.

[115] SPOCK B. The common sense book of baby and child care [M]. New York: Duell, Pan and Pearce, 1946.

[116] STEBNER E J. The women of hull house: a study in spirituality, vocation, and friendship[M]. Albany: SUNY Press, 1997.

[117] STERN A M, MARKEL H. Formative years: children's health in the United States, 1880-2000[M]. Ann Arbor: University of Michigan Press, 2002.

[118] STEINFELS M. Who's minding the children: the history and politics of day care in America[M]. New York: Simon and Schuster, 1973.

[119] SUTTON J R. Stubborn children: controlling delinquency in the United States, 1640-1981 [M]. Berkeley: University of California Press, 1988.

[120] TANENHAUS D S. Juvenile justice in the making[M]. New York: Oxford University Press, 2004.

[121] TENTLER L W. Wage-earning women: industrial work and family life in the United States, 1900-1930 [M]. New York: Oxford University Press, 1979.

[122] TIFFIN S. In whose best interest?: child welfare reform in the Progressive Era[M]. Westport: Greenwood Press, 1982.

[123] TRATTNER W I. Crusade for the children: a history of the national child labor committee and child labor reform in America[M]. Chicago: Quadrangle Books, 1970.

[124] VANDEWALKER N C. The kindergarten in American education[M]. New York: The Macmillan Company, 1908.

[125] WALLIN J E W. The mental health of the school child, the psycho-educational clinic in relation to child welfare[M]. New Haven: Yale university press, 1914.

[126] WEINER E S C, SIMPSON J A. The compact edition of the Oxford English Dictionary: complete text peproduced micrographically [M]. Vol. I. Oxford: Oxford University Press, 1971.

[127] WESTM M. Child care: the preschool age[M]. Washington, D. C. : Government Printing Office, 1918.

[128] WESTM M. Infant care[M]. Washington, D. C. : Government Printing Office, 1914.

[129] WESTM M. Prenatal care[M]. Washington, D. C. : Government Printing Office, 1913.

[130] WIEBE R H. The search for order, 1877-1920[M]. New York: Hill & Wang, 1967.

[131] WIGGIN K D S. My garden of memory: an autobiography [M]. Boston and New York: Houghton Mifflin Company, 1923.

[132] WIGGIN K D S. The story of pasty[M]. Boston and New York: Houghton Mifflin Company, 1889.

[133] WILSON J D. The women's joint congressional committee and the politics of maternalism, 1920-1930[M]. Champaign: University of Illinois Press, 2007.

[134] WINZER M A. From integration to inclusion: a history of

special education in the 20th century[M]. Washington, D. C. :Gallaudet University Press,2009.

[135] WINZER M A. The history of special education: from isolation to integration[M]. Washington,D. C. :Gallaudet University Press,1993.

[136] WOODS R A. The city wilderness: a settlement study[M]. Boston: Houghton Mifflin,1898.

（二）期刊论文

[1] ABRAHAM W. The early years: prologue to tomorrow[J]. Exceptional Children,1976,42(6):330-335.

[2] ADDAMS J. Why women should vote[J]. Ladies Home Journal, 1910(27):21-22.

[3] ALLEN A T. Gender, professionalization, and the child in the Progressive Era: patty smith hill, 1868-1946[J]. Journal of Women's History,2011,23(2):112-136.

[4] AMERICAN S. The movement for vacation schools[J]. American Journal of Sociology,1898,4(3):309-325.

[5] BAKER S J. School medical inspection in New York City[J]. Medical Record(1866-1922),1913,84(25):1117.

[6] BALDWIN W A. The school garden as an instrument of sound education[J]. Journal of Education,1906,64(7):187-190.

[7] BELT E O. Defective eyes among pupils in the public schools of Washington City[J]. Virginia Medical Monthly,1893(20):45-46.

[8] BRODY C. A New York childhood[J]. The American Mercury, 1928,14(53):62.

[9] CAIN L F. Parent groups: their role in a better life for the handicapped[J]. Exceptional Children,1976,42(8):432-437.

[10] CARTER L K. Evening schools and child labor in the United

States, 1870-1910[J]. The Journal of Economic History, 2010, 70(2): 458-462.

[11] CLAPP H L. School gardens, city school yards, and the surroundings of rural schools[J] The Journal of Education, 1903, 58(4): 80.

[12] COHENS. The Mental Hygiene Movement, the development of personality and the school: the medicalization of American education [J]. History of Education Quarterly, 1983, 23(2): 123-149.

[13] CONNOLLY C A, GOLDEN J. "Save 100 000 babies": the 1918 children's year and its legacy[J]. American Journal of Public Health, 2018, 108(7): 902-907.

[14] CORNELL E L, ROSS E. Principles underlying special class organization in New York State[J]. Training School Bulletin, 1928(25): 81-88.

[15] CULBERT J F. The visiting teacher[J]. The Annals of the American Academy of Political and Social Science, 1921, 98(1): 81-89.

[16] CURTIS H S. Public provision and responsibility for play grounds[J]. The Annals of the American Academy of Political and Social Science, 1910, 35(2): 118-128.

[17] FINN J L. Judging childhood[J]. Children and Youth Services Review, 2013, 35(8): 1166-1173.

[18] FLOODY R J. Worcester's garden city plan; or, the good citizens' factory[J]. Nature-Study Review, 1912, 8(4): 145-150.

[19] GEER W C. The CEC tree and its roots[J]. Exceptional Children, 1977, 44(2): 82-89.

[20] GOLD K M. From vacation to summer school: the transformation of summer education in New York City, 1894-1915[J]. History of Education

Quarterly,2002,42(1):18-49.

[21] GORDON J M. Why the children are in the factory[J]. Annals of the American Academy of Political and Social Science. 1908,32(22):67-71.

[22] GUARNERI J. Changing strategies for child welfare,enduring beliefs about childhood:the Fresh Air Fund,1877-1926[J]. The Journal of the Gilded Age and Progressive Era,2012,11(1):27-70.

[23] HARVEY L H. School gardening: a fundamental factor in education[J]. Nature-Study Review,1916,12(17):8-82.

[24] HILL C M. The extension of the vacation school idea[J]. The Elementary School Teacher,1905,5(5):298-301.

[25] HIRSCH E G. Child labor from the employer's point of view [J]. The Annals of the American Academy of Political and Social Science, 1905,25(3):137-143.

[26] HOLSINGER M P. Girls in bloomers are more effective than girls in skirts: the Camp Fire Girls in American juvenile fiction, 1910-1920[J]. Children's Literature Association Quarterly, 1987, 12(2): 83-87.

[27] JONE H O. Public schools of Chicago during influenza epidemic, 1918[J]. American Journal of Public Health,1919,9(1):62-63.

[28] KOCH K. Folk and child play:report of the central committee on folk and child play in Germany[J]. American Physical Education Review,1908,13(6):325-334.

[29] KOHLSTEDT S G. "A better crop of boys and girls":the School Gardening Movement, 1890-1920[J]. History of Education Quarterly, 2008,48(1):58-93.

[30] LANTIS V. Some criticisms of the present method in school

gardens[J]. Nature-Study Review, 1912, 9(6): 186ff.

[31] LAZERSON M. Urban reform and the schools: kindergartens in Massachusetts, 1870-1915[J]. History of Education Quarterly, 1971, 11(2): 115-142.

[32] LOVEJOY O R. The function of education in abolishing child labor[J]. The Annals of the American Academy of Political and Social Science, 1908, 32(22-suppl): 80-91.

[33] LOVEJOY O R. Will trade training solve the child-labor problem? [J]. The North American Review, 1910, 191(655): 773-784.

[34] MAY M. The "problem of duty": family desertion in the Progressive Era[J]. Social Service Review, 1988, 62(1): 40-60.

[35] MENNEL R. Juvenile delinquency in perspective[J]. History of Education Quarterly, 1973, 13(3): 275-282.

[36] MEREDITH H V. Change in the stature and body weight of North American boys during the last 80 years[J]. Advances in Child Development and Behavior, 1964, 1(C): 69-114.

[37] MICHEL S, ROSEN R. The paradox of maternalism: Elizabeth Lowell Putnam and the American welfare state[J]. Gender & History, 1992, 4(3): 364-386.

[38] MILLIKEN O J. Chicago vacation schools [J]. American Journal of Sociology, 1898, 4(3): 289-308.

[39] NAWROTZKI K D. "Greatly changed for the better": free kindergartens as transatlantic reformance [J]. History of Education Quarterly, 2009, 49(2): 182-195.

[40] OLIVER M H. The school garden, an outdoor laboratory for teaching[J]. The American Biology Teacher, 1953, 15(1): 5-8.

[41] PARKER J K, CARPENTER E M. Julia lathrop and the

Children's Bureau: the emergence of an institution[J]. The Social Service Review, 1981, 55(1): 60-77.

[42] PARKER L W. Compulsory education, the solution of child labor problem[J]. The Annals of the American Academy of Political and Social Science, 1908, 32(22_suppl): 40-56.

[43] PARSONS F G. A day at the children's school farm in New York City[J]. Nature-Study Review, 1905, 1(6): 255-261.

[44] PERERA F. Science as an early driver of policy: child labor reform in the early Progressive Era, 1870-1900[J]. American Journal of Public Health, 2014, 104(10): 1862-1871.

[45] POTTER W H. Examination of the teeth of children in the public schools, with a report upon the examination of 700 pupils of the Pierce Grammar School, Brookline, Mass. [J]. The Boston Medical and Surgical Journal, 1906, 155(24): 706-707.

[46] PRESSLY P M. Educating the daughters of savannah's elite: the Pape School, the Girl Scout, and the Progressive Movement[J]. The Georgia Historical Quarterly, 1996, 80(2): 246-275.

[47] PYBAS A H. Compulsory education for the deaf[J]. American Annals of the Deaf, 1909, 54(4): 356-360.

[48] RUIS A R. The penny lunch has spread faster than the measles: children's health and the debate over school lunches in New York City, 1908-1930[J]. History of Education Quarterly, 2015, 55(2): 190-217.

[49] SANBORN A F. About boys and boys' clubs[J]. The North American Review, 1898, 167(501): 254-256.

[50] SANDERSON A R. Child-labor legislation and the labor force participation of children[J]. The Journal of Economic History, 1974, 34(1): 297-299.

[51] SARGEANT B B. The international council for exceptional children[J]. Journal of Exceptional Children,1935,2(2):32-38.

[52] STAMBLER M. The effect of compulsory education and child labor laws on high school attendance in New York City,1898-1917[J]. History of Education Quarterly,1968,8(2):189-214.

[53] TRELSTAD B. Little machines in their gardens:a history of school gardens in America,1891 to 1920[J]. Landscape Journal,1997,16(2):161-173.

[54] TYACK D,BERKOWITZ M. The man nobody liked:toward a social history of the truant officer,1840-1940[J]. American Quarterly,1977,29(1):31-54.

[55] WALLIN J E W. New frontiers in the social perspective of the mentally retarded[J]. Journal of Education,1968,151(1):98-104.

[56] WALLIN J E W. A study of the industrial record of children assigned to public school classes for mental defectives,and legislation in the interest of defectives[J]. The Journal of abnormal Psychology and Social Psychology,1922,17(2):120-131.

[57] WALLIN J E W. New frontiers in the social perspective of the mentally retarded[J]. Journal of Education,1968,151(1):98-104.

[58] WOLSCHKE-BULMAHN J. From the war garden to the victory garden:political aspects of garden culture in the United States during World War I[J]. Landscape Journal,1992,11(1):51-57.

[59] WOODS H,Jr. The recent examination of the eyes among the Baltimore public school children[J]. Maryland Madical Journal,1898(38):38-40.

[60] WOODWARD S W. A business man's view of child labor[J]. The Annals of the American Academy of Political and Social Science,

1906,27(2):103-105.

（三）学位论文

[1] GOLD K M. "Mitigating mental and moral stagnation": summer education and American public schools, 1840-1990 [D]. Ann Arbor: University of Michigan,1997.

[2] MCAHREN R W. Making the nation safe for childhood: a history of the movement for federal regulation of child labor,1900-1938 [D]. Austin:University of Texas,1967.

[3] MCQUADE V A. The American catholic attitude on child labor since 1891[D]. Washington,D. C. :Catholic University of America,1938.

[4] RESKE P E. Responding to change:Girl Scouts,race,and the Feminist Movement [D]. Milwaukee: The University of Wisconsin-Milwaukee,2018.

[5] RUIS A R. Eating to learn,learning to eat: school meals and nutrition policy in the United States,1900-1946[D]. Madison:University of Wisconsin-Madison,2011.

[6] TANK R M. Young children,families,and society in America since the 1820s:the evolution of health,education,and child care programs for preschool children[D]. Ann Arbor:University of Michigan,1980.

（四）文集中的析出文献

[1] BELL R. Conditions affecting child growth and development [C]//National Education Association of the United States,Proceedings and Addresses of the Seventy-fourth Annual Meeting of the National Education Association. Winona: National Education Association of the United States,1910:298-301.

[2] BLANTON S. The function of the mental hygiene clinic in the schools and colleges[C]//Jane Addams,The Child,The Clinic and The

Court. New York:New Republic,Inc. ,1927:93-101.

[3] CURTIS H. Vacation schools,playgrounds,and settlements[C]//The United States Bureau of Education, Report of the Commissioner of Education for the Year 1903, Vol. 1. Washington, D. C. : Government Printing Office,1905:1-38.

[4] DYER F B. The place of the kindergarten in the public school [C]//National Education Association of the United States,Proceedings and Addresses of the Forty-Seventh Annual Meeting of the National Education Associatio. Winona: National Education Association of the United States,1909:439-444.

[5] ELDER E S. Sanitary survey of the school-houses in Indiana [C]//American Public Health Association, Public Health Papers and Reports. Concord:Republican Press Association,1884:57-68.

[6] ELLIOT W G. Address[C]//American Public Health Association, Public Health Papers and Reports. Concord: Republican Press Association, 1884:25-26.

[7] GIHON A L. The sanitary responsibilities of the citizen[C]//American Public Health Association,Public Health Papers and Reports. Concord:Republican Press Association,1884:1-16.

[8] HUTT W W. The health cycle[C]//General Federation of Women's Clubs, Eleventh Biennial convention: Official Report. San Francisco:General Federation of Women's Clubs,1912:309.

[9] O'GRADY C G. Froebel's use of child study[C]//National Education Association of the United States,Proceedings and Addresses of the Thirty-sixth Annual Meeting of the National Education Association. Chicago:University of Chicago Press,1897:593-598.

[10] PALMER L A. The principle of development as the basis for

kindergarten method[C]//National Education Association of the United States, Proceedings and Addresses of the Forty-eighth Annual Meeting of the National Education Association. Winona: National Education Association of the United States, 1910: 378-383.

[11] POWE C M. Work and play in the primary and grammar grades [C]//National Education Association of the United States, Proceedings and Addresses of the Fortieth Annual Meeting of the National Education Association. Winona: National Education Association of the United States, 1901: 507-512.

[12] RANDALL J L. School and home gardening[C]//United States Department of Interior, Bureau of Education, Report of the Commissioner of Education for the Year Ended June 30, 1916. Washington, D. C.: GPO, 1916: 259-270.

[13] RICHEY S O. Deterioration of vision in school children[C]// American Public Health Association, Public Health Papers and Reports. Concord: Republican Press Association, 1884: 51-56.

[14] ROUNDS C C. The study of horticulture in public schools[C]// Massachusetts Horticultural Society, Transactions of the Massachusetts Horticultural Society for the Year 1891, Part I. Boston: Massachusetts Horticultural Society, 1891: 118-132.

[15] SCHALLENBERGER M E. Motive for work[C]//National Education Association of the United States, Proceedings and Addresses of the Forty-fifth Annual Meeting of the National Education Association. Winona: National Education Association of the United States, 1907: 462-466.

后 记

本书是2017年度国家社会科学基金教育学青年课题“美国儿童福利运动研究（1890—1920）”（COA170249）的结题成果之一，也是我涉足儿童教育史领域的第一本拙作。

由于工作的需要，博士毕业后，我的研究重心从教育判例转向儿童教育史，从研究关注不同族裔儿童教育公平的“布朗案”，到研究通过教育途径进行的儿童福利改善举措。这两个领域看似关联不大，但事实上始终围绕美国历史上的基础教育领域展开，并且一直关注弱势儿童群体的教育权利和教育公平问题。美国进步主义时代的儿童福利改善是儿童史和教育史的一个很好的结合点。儿童虽然天然与教育存在密切的联系，儿童史的资料和视野虽然对教育史研究有着极大的借鉴意义和启发价值，但两者毕竟属于不同的学科，有着不同的研究范围与重点。既把握好两者之间的区别，又借鉴儿童史的资料是本研究进行过程中需要着力解决的问题。在选题时我曾犹豫很久，很担心自己把握不好这个话题的“度”。但出于对儿童权利的关切，对儿童福祉的企盼，对教育公平、公正的深切渴望，我最终还是选择了这个题目，并勇敢地研究了下去。

自2017年课题立项开始，我就着手收集文献、阅读和整理资料、发表相关的论文、思考本书的框架、撰写部分章节，最终在2020年新型冠状病毒肺炎疫情期间完成本书的整体写作。疫情期间，国内外不少图书馆的馆际互借和文献传递工作都无法正常进行，给这部书稿的写作带来不少的困难和挑战；居家办公、网上教学、视频会议、网上答辩也让这段时间显得非常特别。博士论文写作期间，我有整块的时间专注于论文的写作；如今，我只能在工作任务和家庭责任的缝隙里挤时间，在各种琐事的困扰下努力保持一颗平静的心，在学术初心的鼓舞下，在自己顽强的坚持下，尽最大的努力坚持高质量地完成书稿。从“三九”到“三伏”，从文献的搜集到思路的酝酿，书稿写作中的艰辛和快乐都只属于自己，这是一份宝贵的财富、独有的记忆，是学术成长的过程，是挑战自我、战胜自我的过程。世间万苦，唯有自渡。过去的事情无法改变，但未来仍然值得期待。

感谢我的博士导师张斌贤教授。师恩如海，点滴在心，我心中始终铭记恩师的谆谆教诲，以恩师为榜样在学术道路上不断前进。虽然我的成绩离张老师的期望还很远，但我一直在努力，积跬步以期至千里。感谢北京师范大学，尽管一路走来懵懵懂懂，如今回首也有着不少遗憾，但北师大承载着我最好的青春岁月，承载着我的梦想与成长，可以说是我的学术故乡。无论是夏天夕阳下的木铎，还是冬日寒风中的群群归鸦，都是我心中抹不去的记忆。无论何时何地，我始终满怀对母校的热爱和怀念，满怀对青春岁月的怀念。感谢华东师范大学，工作后的诸多经历使我不断成长、成熟。磕磕绊绊也好、迷迷糊糊也罢，在群英荟萃的丽娃河畔，我始终期待成为更优秀的自己。

由衷感谢全国教育科学规划办的各位评审专家对本研究的支持和认可，感谢各位学界前辈对后学的鼓励、提携和指导，我申请的课题才有机会立项。感谢北京师范大学郭法奇教授对本研究的指导。感谢宁波大学康绍芳副教授、陕西师范大学吴婵副教授、首都师范大学林伟副教授、天津师范大学李朝阳副教授、天津大学高玲博士、华东师范大学博士生曹雅洁，与他们的交流和探讨使我倍受启发。感谢河北大学出版社对本书出版的支持，感谢编辑在本书出版过程中付出的辛勤劳动。

感谢我的妈妈，本书的完成离不开妈妈的鼓励和陪伴。妈妈腰腿疼痛反反复复已将近一年，但始终以坚强、乐观的心态积极进行治疗。疫情期间，我在家里书桌前写书，妈妈在旁边默默做着康复训练。我俩就这样互相陪伴着、互相支持着、互相鼓励着，汲取着来自彼此的力量。也许这就是相依为命的一种表现吧。过去的道路并不平坦，未来的生活也许还有许多未知的困难，但只要以乐观的精神和顽强的毅力坚持下去，一切总会好起来的。我的书稿进入尾声的同时，妈妈的身体也好了许多，愿妈妈的身体快快好起来。感谢我所有的亲人、朋友、学友，他们的鼓励和支持是我在学术道路上继续前行的温暖陪伴。

由于本人时间、精力和学识有限，书中难免存在各种错误和不足，对很多问题的研究也还不够深入，敬请各位读者批评指正。

祝　贺

2020 年 7 月 22 日大暑记于华东师范大学